KB221152

한국사도 독해가 먼저다

3권 고려

교육 R&D에 앞서가는
Key 키출판사

<한국사도 독해가 먼저다>가 특별한 이유

왜 <한국사>도 독해를 공부해야 할까요?

한국사는 외워야 할 게 많은 암기 과목이라고 이야기해요.
하지만 역사를 쉽게, 제대로, 재미있게 공부하기 위해서는
중요한 역사 개념과 어휘를 먼저 익힌 다음 독해하는 연습이 필요해요.

국어 과목만 독해 연습을 해야 하는 게 아니에요.
낯선 개념과 알아야 할 어휘가 많은 한국사 공부에도 독해 연습이 꼭 필요해요.

<한국사도 독해가 먼저다>의 단계적인 독해 연습으로
어려운 한국사가 재미있어져요!

교과서가 쉬워진다

1권	2권	3권	4권	5권	6권
고조선 ~ 삼국	통일 신라와 발해	고려	조선 전기	조선 후기	근현대

중학 한국사 6개 단원 구분 그대로
1개 단원을 1권으로 풀어서 제대로 독해해요.

초등 교과서의 빠진 부분은 채우고
중학 교과서의 어려운 용어는 풀어서
교과서를 **쉽게** 공부할 수 있어요!

왜 〈한국사〉는 흐름을 알아야 할까요?

역사는 옛날 사람들이 살았던 이야기예요. 이야기가 꼬리에 꼬리를 물고 이어지지요.
역사적 사건에는 배경이나 원인이 있고, 그에 따라 새로운 사건과 장면이 펼쳐져요.
그렇기 때문에 역사는 흐름을 파악하는 것이 중요해요.

한국사는 암기 과목이 아니에요.
이야기의 흐름을 잡으면 꼬리에 꼬리를 물고 이야기가 기억된답니다.

〈한국사도 독해가 먼저다〉의 쉬운 그림과 설명으로
복잡한 한국사의 흐름을 선명하게 기억해요!

흐름이 잡힌다

사건과 사건은 연결하고
한눈에 들어오는 그림으로 역사 개념을 잡아
한국사를 **간단하게** 익힐 수 있어요!

구성과 특징

그림으로 만나는 **개념** 〉 문장으로 다지는 **어휘** → 글과 그림을 함께 읽는 **독해**

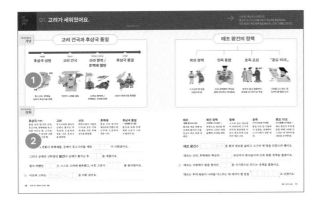

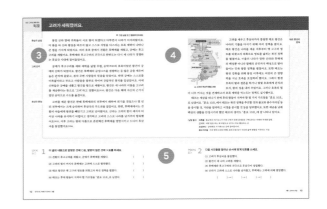

1 그림으로 개념을 잡아요.

‣ 핵심 개념을 한눈에 파악하고 그림 덩어리로 기억할 수 있어요.

2 한 문장으로 개념을 정리해요.

‣ 개념 어휘의 뜻을 익히고 문장에 개념 어휘를 넣어 확실하게 이해할 수 있어요.

‣ 핵심 개념을 한 문장으로 명확하게 정리하여 이해할 수 있어요.

3 핵심 개념을 확인하며 글을 읽어요.

‣ 문단 요약으로 지문에서 다루는 핵심 개념을 미리 확인할 수 있어요.

‣ 교과서 여러 쪽에 흩어져 있는 내용을 한 편의 지문에 짜임새 있게 담아, 핵심 개념을 분명하게 이해하고 글의 구조를 파악하여 효과적으로 글을 읽을 수 있어요.

4 지도와 사진 자료를 글과 함께 보아요.

‣ 글을 읽으며 역사의 시간적 흐름을 파악하고, 글과 더불어 지도와 사진 자료를 보며 공간적 맥락을 파악할 수 있어요.

‣ 역사적 사실을 씨실과 날실처럼 짜 맞추어 입체적으로 기억할 수 있어요.

5 바탕 독해력을 키워요.

‣ **바르게 읽기**: 주어진 지문을 바르게 읽으며 내용을 정확하게 파악하는 '사실적 이해' 능력을 키울 수 있어요.

‣ **연결하여 읽기**: 사건이 일어난 순서를 연결하거나 인물과 사건을 연결하며 역사 독해에 꼭 필요한 유기적 관계 파악 능력을 키울 수 있어요.

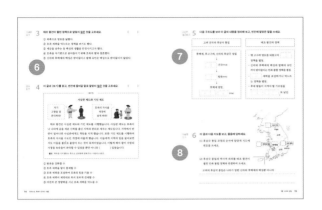

6 심화 독해력을 키워요.

‣ **자세히 읽기**: 지문 내용을 자세히 파고들어 읽으며 글의 세부 내용을 구체적으로 파악하는 ‘분석적 이해’ 능력을 키울 수 있어요.

‣ **깊이 읽기**: 지문을 <보기> 글과 연결해서 읽으며 주어진 정보를 근거로 삼아 판단을 이끌어 내는 ‘추론적 이해’ 능력을 키울 수 있어요.

7 구조도로 요약해요.

‣ **구조도 정리하기**(단답형): 지문을 구조화한 도표 안에 알맞은 어휘를 채우면서 글의 내용을 짜임새 있게 정리할 수 있어요.

8 서술형 쓰기까지 익혀요.

‣ **백지도에 표시하기**(활동형, 단답형): 학습 내용과 관련된 지문 속 역사 지도 정보를 떠올려 백지도 위에 표시하면서 중요한 내용을 또렷하게 기억할 수 있어요.

‣ **서술형 쓰기**(힌트형 서술 문제): 출제 의도에 맞게 학습한 내용을 풀어 쓰면서 지식을 논리적으로 서술하는 능력을 키우고 학습 내용을 자기 것으로 만들 수 있어요. 문장 일부를 길잡이로 제시해 두어 서술형 쓰기에 쉽게 접근할 수 있어요.

9 개념을 모아서 정리해요.

‣ **개념 용어 쓰기**(단답형): 각 장에서 공부한 개념을 연표처럼 한데 모아 보면서 나누어져 있어서 헷갈리기 쉬운 역사 흐름을 직관적으로 기억하고 중요 개념을 되새길 수 있어요.

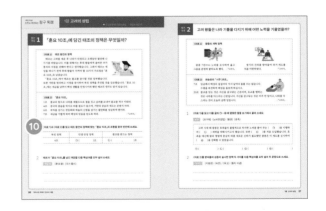

10 탐구형 문제로 심화 독해력과 서술형 실력을 키워요.

‣ **탐구형 독해**: 각 장에서 중요한 탐구 주제를 살피고 이와 관련된 사료를 바탕으로 독해를 하며 깊이와 밀도가 더해진 심화 독해력을 키울 수 있어요.

‣ **서술형 쓰기**(핵심어 제시형 서술 문제): 주어진 핵심어나 문장 형식에 따라 서술하는 문제를 통해 ‘힌트형 서술 문제’보다 한 단계 높아진 쓰기 유형으로 서술형 쓰기에 대한 자신감을 키울 수 있어요.

차례

학습 계획

구분	일차	공부한 날	스스로 평가	다시 공부
DAY 01	1장 / 01	월 일	☺ ☹ ☹	☐ ☐ ☐
DAY 02	1장 / 02	월 일	☺ ☹ ☹	☐ ☐ ☐
DAY 03	1장 / 03	월 일	☺ ☹ ☹	☐ ☐ ☐
DAY 04	1장 / 04	월 일	☺ ☹ ☹	☐ ☐ ☐
DAY 05	확인 학습	월 일	☺ ☹ ☹	☐ ☐ ☐
DAY 06	2장 / 01	월 일	☺ ☹ ☹	☐ ☐ ☐
DAY 07	2장 / 02	월 일	☺ ☹ ☹	☐ ☐ ☐
DAY 08	2장 / 03	월 일	☺ ☹ ☹	☐ ☐ ☐
DAY 09	2장 / 04	월 일	☺ ☹ ☹	☐ ☐ ☐
DAY 10	확인 학습	월 일	☺ ☹ ☹	☐ ☐ ☐
DAY 11	3장 / 01	월 일	☺ ☹ ☹	☐ ☐ ☐
DAY 12	3장 / 02	월 일	☺ ☹ ☹	☐ ☐ ☐
DAY 13	3장 / 03	월 일	☺ ☹ ☹	☐ ☐ ☐
DAY 14	3장 / 04	월 일	☺ ☹ ☹	☐ ☐ ☐
DAY 15	확인 학습	월 일	☺ ☹ ☹	☐ ☐ ☐
DAY 16	4장 / 01	월 일	☺ ☹ ☹	☐ ☐ ☐
DAY 17	4장 / 02	월 일	☺ ☹ ☹	☐ ☐ ☐
DAY 18	4장 / 03	월 일	☺ ☹ ☹	☐ ☐ ☐
DAY 19	4장 / 04	월 일	☺ ☹ ☹	☐ ☐ ☐
DAY 20	확인 학습	월 일	☺ ☹ ☹	☐ ☐ ☐

1장

고려의
성립

01. 고려가 세워졌어요.

정답과 해설 1쪽

그림으로 만나는 개념

고려 건국과 후삼국 통일

(배경)	918년	935년 / 936년	936년
후삼국 성립	**고려 건국**	**신라 항복 /** **후백제 멸망**	**후삼국 통일**

| 후고구려, 후백제,
신라가 후삼국을 이룸 | 왕건이 고려를 세움 | 신라는 항복하고
후백제는 고려에 망함 | 고려가 후삼국을 통일함 |

문장으로 다지는 어휘

후삼국 (뒤後-)	고려	신라	후백제	후삼국 통일
통일 신라 말기의 신라, 후고구려, 후백제의 세 나라를 이르는 말. 고구려, 백제, 신라의 삼국과 구별하여 '후삼국'이라 함.	후고구려의 궁예가 쫓겨난 후 왕건이 개성에 도읍하여 세운 나라. 후삼국을 통일함.	박혁거세가 기원전 57년에 경주 지역에 세운 나라. 후에 삼국을 통일함.	통일 신라 말기인 900년에 견훤이 완산주에 도읍하여 세운 나라.	(- 합칠統 하나一) 왕건에 의해 후백제와 신라가 고려로 합쳐진 일.

신라 말에 견훤이 후백제를, 궁예가 후고구려를 세워 ┌─────┐ 이 이뤄졌어요.

그러다 궁예의 신하였던 **왕건**이 궁예가 쫓겨난 후 ┌───┐ 를 세웠어요.

힘이 약했던 ┌───┐ 는 스스로 고려에 항복했고, 이후 고려가 ┌─────┐ 를 물리쳤어요.

⭐ 이로써 고려는 | 후 | 삼 | 국 | ┆ ┆ ┆ | 을 이뤄 냈어요.

→ 신라 말, 후삼국이 이뤄진 뒤
왕건이 새 나라 고려를 세우고 후삼국을 통일했어요.
태조 왕건은 북진 정책 등을 펼치며 나라의 기틀을 다졌어요.

태조 왕건의 정책

북진 정책

고구려의 옛 땅을
되찾으려 함

민족 통합

발해 후백제 신라

신라, 후백제의 백성과
발해 유민까지 받아들임

호족 포섭

호족
호족의 딸
지방

호족의 딸과 결혼하여
호족을 자기편으로 만듦

「훈요 10조」

나라를 다스리는 데
새겨야 할 말을 남김

태조
(클태 할아버지조)
왕조를 세운 첫째 임금에게 붙이던 이름. 임금이 죽은 뒤에 정해짐.

북진 정책
(북쪽북 나아갈진 -)
북쪽으로 영토를 확장해 나라의 세력을 뻗쳐 나가려는 정책.

발해
고구려 장수 대조영이 698년에 고구려 유민과 말갈족을 이끌고 동모산에 도읍하여 세운 나라.

호족
(우두머리호 무리족)
통일 신라 말 지방에서 경제력이나 군사력을 바탕으로 성장한 독자적인 세력.

훈요 10조
(타이를훈 요약할요 -)
태조 왕건이 후대 왕들을 위해 나라를 다스리는 데 새겨야 할 내용을 요약한 말.

태조 왕건은 [　] 정 책 을 펼쳐 영토를 넓히고 고구려 옛 땅을 되찾으려 했어요.

태조는 신라, 후백제의 백성과 [　] 유민까지 받아들이며 민족 통합 정책을 펼쳤어요.

⭐ 태조는 지방에서 힘을 떨치던 [　] 을 자기편으로 만드는 정책을 펼쳤어요.

태조는 후대 왕들이 나라를 다스리는 데 새겨야 할 말을 「[　　　　]」 로 남겼어요.

고려가 세워졌어요.

▼ 다음 글을 읽고 물음에 답하세요.

후삼국 성립

통일 신라 말에 귀족들이 서로 왕이 되겠다고 다투면서 나라가 어지러웠어요. 이 틈을 타 신라 왕실을 따르지 않고 스스로 지방을 다스리는 호족 세력이 나타나 큰 힘을 가지게 되었지요. 여러 호족 중에서 견훤은 후백제를 세웠고, 궁예는 후고구려를 세웠어요. 후백제와 후고구려의 건국으로 한반도는 다시 세 나라가 경쟁하는 후삼국 시대에 접어들었어요.

고려 건국

궁예가 후고구려를 세워 세력을 넓힐 무렵, 송악(개성)의 호족이었던 왕건이 궁예의 신하가 되었어요. 왕건은 후백제의 금성(나주)을 점령하는 등 많은 공을 세우며 높은 관직에 올랐고, 점차 주변 사람들의 믿음을 얻었어요. 반면 궁예는 스스로를 미륵불[*]이라고 부르고 사람들을 함부로 죽이며 강압적인 통치를 일삼았어요. 이에 신하들은 궁예를 내쫓고 왕건을 왕으로 세웠어요. 왕건은 새 나라의 이름을 고구려를 계승한다는 뜻으로 '고려'라고 정했어요(918). 왕건은 다음 해에 자신의 근거지[*]였던 송악으로 도읍을 옮겼어요.

후삼국 통일

고려를 세운 왕건은 한때 후백제와의 전투에서 패하여 위기를 겪었으나 몇 년 뒤 전투에서는 크게 승리하며 후삼국의 주도권을 잡았어요. 한편, 후백제에서는 견훤이 아들에게 왕위를 빼앗기고 고려로 넘어왔어요. 신라는 고려의 힘이 세지자 더 이상 나라를 유지하기 어렵다고 생각하고 고려에 스스로 나라를 넘겨주며 항복했어요(935). 이후 고려는 왕위 다툼으로 혼란해진 후백제를 멸망시키고 드디어 후삼국을 통일했지요(936).

바르게 읽기

1 이 글의 내용으로 알맞은 것에 ○표, 알맞지 않은 것에 ✕표를 하세요.

(1) 견훤이 후고구려를 세웠고, 궁예가 후백제를 세웠다. ( )

(2) 고려의 힘이 커지자 후백제는 고려에 스스로 항복했다. ( )

(3) 태조 왕건은 옛 고구려 영토를 되찾고자 북진 정책을 펼쳤다. ( )

(4) 태조는 후대 왕들이 지켜야 할 가르침을 「훈요 10조」로 남겼다. ( )

▲ 고려의 후삼국 통일 과정

고려를 세우고 후삼국까지 통일한 태조 왕건은 나라의 기틀을 다지기 위해 여러 정책을 폈어요. 태조 왕건은 나라를 세운 직후부터 옛 고구려 영토를 되찾고자 북쪽으로 영토를 넓히는 북진 정책을 펼쳤어요. 아울러 나라가 망한 신라와 후백제의 백성뿐 아니라 발해의 유민까지 백성으로 받아들이는 민족 통합 정책을 펼쳤어요. 또한 태조는 왕권 강화를 위해 통일 이후에도 여전히 큰 영향력을 지닌 호족을 포섭하려* 했어요. 그래서 힘센 호족의 딸과 결혼을 하거나 몇몇 호족에게 관직과 토지, 왕씨 성을 내려 주었어요. 그러나 호족의 힘이 너무 커지는 것을 견제하고자 호족 세력을 억누르는 정책도 실시했어요.

태조는 세상을 떠나기 전에 후대 왕들이 지켜야 할 열 가지 가르침을 「훈요 10조」로 남겼어요. 「훈요 10조」에서 태조는 북진 정책을 추진할 것과 불교와 풍수지리설* 등을 중시할 것, 거란을 멀리하고 서경을 중시할 것 등을 당부했어요. 또한 세금을 낮춰 백성의 생활을 안정시키려 했던 태조의 생각도 「훈요 10조」에 잘 나타나 있어요.

〈낱말 풀이〉 **미륵불** 불교에서 석가모니가 미처 구하지 못한 중생들을 구해 준다는 미래의 부처를 말함.

　　　　　근거지 어떤 일을 하는 데 바탕으로 삼거나 주로 활동하는 곳.

　　　　　포섭하다 상대편을 자기편으로 감싸 끌어들이다.

　　　　　풍수지리설 산과 땅의 모양과 방향, 물의 흐름 등이 인간의 삶에 영향을 끼친다는 사상.

연결하여
읽기 **2** **다음 사건들을 일어난 순서에 맞게 번호를 쓰세요.**

(1) 고려가 후삼국을 통일했다.

(2) 왕건이 새 나라 고려를 세웠다.

(3) 후백제와 후고구려의 건국으로 후삼국이 성립했다.

(4) 신라가 고려에 스스로 나라를 넘겨줬고, 후백제는 고려에 의해 멸망했다.

(　　　) → (　　　) → (　　　) → (　　　)

3 태조 왕건이 펼친 정책으로 알맞지 <u>않은</u> 것을 고르세요.　　　　　　(　 　)

① 북쪽으로 영토를 넓혔다.

② 호족 세력을 억누르는 정책을 펴기도 했다.

③ 세금을 낮추는 등 백성의 생활을 안정시키고자 했다.

④ 호족을 자기편으로 끌어들이기 위해 호족의 딸과 결혼했다.

⑤ 신라와 후백제의 백성은 받아들이고 발해 유민은 백성으로 받아들이지 않았다.

4 이 글과 〈보기〉를 읽고, 빈칸에 들어갈 말로 알맞지 <u>않은</u> 것을 고르세요.　　　(　 　)

〈보기〉

사심관 제도와 기인 제도

| 자기 고향을 잘 관리하라! | 호족의 자식을 개경에 살게 하라! |

　　태조 왕건은 사심관 제도와 기인 제도를 시행했습니다. 사심관 제도는 호족이나 나라에 공을 세운 신하를 출신 지역의 관리로 세우는 제도입니다. 지역에서 반란이 일어나면 사심관에게도 책임을 지게 했습니다. 또한 기인 제도를 시행하여 호족의 자식을 수도인 개경에 머물게 했습니다. 이들에게 지역의 일을 물어보면서도 이들을 볼모*로 붙잡아 두는 것이 목적이었습니다. 이렇게 해서 왕이 지방의 사정을 속속들이 파악할 수 있었을 뿐만 아니라 (　　　) 있었습니다.

* 볼모 약속을 지키겠다는 뜻으로 상대편에 잡혀 두는 사람이나 물건.

---

① 왕권을 강화할 수

② 호족 세력을 왕이 통제할 수

③ 호족 세력을 포섭하여 호족의 힘을 키울 수

④ 호족 세력이 제멋대로 하지 못하게 견제할 수

⑤ 여전히 큰 영향력을 지닌 호족 세력을 억누를 수

5 다음 구조도를 보며 이 글의 내용을 정리해 보고, 빈칸에 알맞은 말을 쓰세요.

고려 건국과 후삼국 통일	태조 왕건의 정책

고려 건국과 후삼국 통일

후백제, 후고구려, 신라의 후삼국 성립
↓
☐☐ 건국(918)
↓
☐☐ 항복(935)
↓
후백제 멸망,
☐☐☐☐☐(936)

태조 왕건의 정책

- 옛 고구려 영토를 되찾고자 ☐☐ 정책을 펼침.
- 신라와 후백제의 백성과 발해의 유민까지 받아들이는 민족 통합 정책을 펼침.
- ☐☐ 세력을 포섭하거나 억누르는 정책을 펼침.
- 후대 왕들이 지켜야 할 가르침을 ☐☐☐☐☐ 로 남김.

6 이 글과 다음 지도를 보고, 물음에 답하세요.

(1) 후삼국 통일 과정의 순서에 알맞게 지도의 ☐ 안에 번호를 쓰세요.

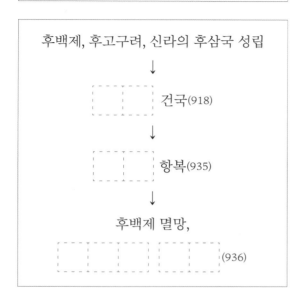

(2) 후삼국 통일의 역사적 의의를 태조 왕건이 펼친 민족 통합 정책과 연결하여 쓰세요.

고려의 후삼국 통일은 나라가 망한 신라와 후백제의 백성뿐 아니라

- -

- -

02. 이어서 고려는 왕권 강화에 힘썼어요.

정답과 해설 2쪽

그림으로 만나는
개념

광종의 왕권 강화 정책

노비안검법 실시

억울하게 노비가 된 사람들을 풀어 줌

과거제 실시

시험을 쳐서 인재를 뽑음

독자적 연호 사용

중국의 연호를 따르지 않고
독자적 연호를 쓰며
스스로 황제라고 부름

문장으로 다지는
어휘

광종
고려 4대 왕. 태조의 넷째
아들로 왕위에 올라 왕권을
강화하고 고려 왕조의 기틀
을 세움.

노비안검법
(- 누를안 검사할검 법법)
억울하게 노비가 된 사람을
풀어 주도록 한 법. 왕권을
강화하고 호족의 경제력을
약화함.

과거제
(과목과 들거 지을제)
고려 시대에 관리를 뽑기
위해 시험을 치던 제도.

연호 (해연 이름호)
왕이 왕의 자리에 오르고부
터 물러날 때까지의 기간에
이름을 붙여 연도를 나타내
는 방법.

태조가 죽은 뒤 왕권이 약해졌을 때 왕위에 오른 **광종**은 왕권 강화에 힘썼어요.

★ 광종은 [   ]을 실시해 억울한 노비를 풀어 주고 호족의 경제력을 약화했어요.

광종은 [   ]를 실시해 왕권을 뒷받침할 새로운 인재를 뽑았어요.

광종은 중국의 연호를 따르지 않고 독자적인 [   ]를 사용하며 왕의 권위를 높였어요.

성종의 통치 체제 정비

「시무 28조」 수용

최승로

최승로가 올린 정치 개혁안을 받아들여
유교를 통치 이념으로 삼음

지방관 파견

호족이 누리던 권한을 줄임

국자감 설치

유학을 가르치고
인재를 키움

성종
고려 6대 왕. 유교를 국가의 통치 이념으로 삼고, 고려의 정치와 사회 제도의 기틀을 마련함.

시무 28조 (때시 힘쓸무 -)
신하인 최승로가 성종에게 제안한 28개의 정치 개혁안. 유교 이념에 따른 통치 질서 확립을 강조함.

지방관
(땅**지** 장소**방** 벼슬**관**)
지방에서 왕을 대신하여 지방 백성을 다스리고 보살피는 일을 하던 관리.

국자감
(나라**국** 아들**자** 관청**감**)
고려 시대에 유학을 가르치고 관리를 기르기 위해 나라에서 세운 최고 교육 기관.

성종은 안정된 왕권을 바탕으로 통치 체제를 정비했어요.

⭐ 성종은 [   ] 를 받아들여 유교를 고려의 통치 이념으로 삼았어요.

성종은 지방의 주요 지역에 [   ] 을 파견해 호족의 권한을 줄였어요.

성종은 [   ] 을 설치해 유학을 가르치고 인재를 키웠어요.

고려는 왕권 강화에 힘썼어요.

▼ 다음 글을 읽고 물음에 답하세요.

태조 왕건이 죽은 뒤 고려 왕실은 왕위 다툼으로 왕권이 불안정해졌어요. 왕실의 외척[*]이 된 호족의 힘이 강해지면서 누가 다음 왕의 자리에 오를 것인가를 두고 갈등이 심했지요. 지방에서는 여전히 호족들이 많은 토지를 가지고 사병[*]까지 거느린 채 권력을 휘두르고 있었어요. 이렇게 왕권이 불안정한 상황에서 태조의 아들인 혜종, 정종, 광종이 잇따라 왕의 자리에 올랐어요.

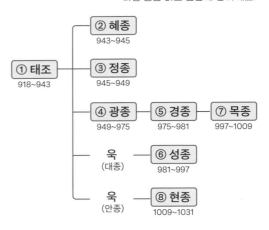

▲ 고려 초기 왕들과 임금 자리에 있었던 기간

**광종의
왕권 강화 정책**

왕위에 오른 광종은 불안정한 왕권을 안정시키기 위한 정책을 펼쳤어요. 우선 노비안검법을 시행했어요. 노비안검법이란 전쟁이나 빚 때문에 억울하게 노비가 된 사람을 다시 본래 신분인 양인[*]으로 돌아가게 한 법이에요. 호족들이 불법적으로 차지한 노비를 조사하여 풀어 줌으로써 호족의 경제력과 군사적 기반을 약하게 만들었지요. 또한 유교 지식을 갖춘 관리를 뽑기 위해 과거제를 처음 도입했어요. 과거제는 관리를 뽑기 위해 시험을 치르는 제도예요. 호족을 대신해 왕의 명령을 충실하게 따를 새로운 신하가 필요했던 광종은 출신 가문보다 유교 지식과 학문 능력에 따라 인재를 뽑았어요. 과거를 통해 직접 관리를 뽑은 광종은 왕권을 강화할 수 있었어요.

**바르게
읽기**

1 **이 글의 내용으로 알맞은 것에 ○표, 알맞지 않은 것에 ×표를 하세요.**

(1) 태조 왕건이 죽은 뒤 호족의 힘이 많이 약해졌다. ( )

(2) 광종은 노비안검법을 시행하여 호족의 경제력을 약하게 만들었다. ( )

(3) 광종은 12목에 지방관을 파견하고, 최고 교육 기관인 국자감을 세웠다. ( )

(4) 성종은 최승로가 올린 「시무 28조」를 받아들여 여러 제도를 정비하였다. ( )

또한 광종은 관리들이 입는 공복[*] 색깔을 구분하여 상하 질서를 명확히 했어요. 한편으로는 중국의 연호를 사용하지 않고, '광덕', '준풍'과 같은 독자적인 연호를 쓰고, 스스로를 황제라고 하며 왕의 권위를 높였어요. 광종의 왕권 강화 정책은 호족들에게 강한 반발을 불러일으켰어요. 그러나 광종은 자신의 정책에 반대하는 호족을 죽이며 국왕 중심의 통치 질서를 세웠어요.

**성종의
통치 체제 정비**

이후 왕위에 오른 성종은 안정된 왕권을 바탕으로 나라의 통치 체제를 정비했어요. 성종은 신하인 최승로가 올린 「시무 28조」를 받아들여 유교를 나라의 통치 이념으로 삼았어요. 「시무 28조」는 최승로가 성종에게 건의한 28가지의 정치 개혁안으로, 여기에는 나랏일에 관한 의견이 두루 담겨 있었지요.

성종은 「시무 28조」를 바탕으로 나라의 여러 제도를 정비했어요. 왕과 신하가 서로 의논하여 나랏일을 결정하는 정치 기구를 만들어 운영했어요. 그리고 지방의 주요 지역에는 12목[*]을 설치하고 여기에 직접 지방관을 파견함으로써 지방의 호족이 누리던 권한을 줄여 왕 중심의 안정된 통치 체제를 강화했지요. 또한 유교적인 소양을 갖춘 인재를 키우기 위해 최고 교육 기관인 국자감을 세우기도 했어요. 이와 같은 성종의 정책은 고려 시대 통치 체제의 바탕이 되었어요.

〈낱말 풀이〉 **외척** 어머니 쪽의 친척. 왕가에서는 국왕의 어머니 쪽 친척, 왕비나 후궁의 친척을 말함.
사병 권력을 가진 개인이 사사로이 길러서 부리는 병사.
양인 고려의 신분 계층으로, 지배층인 관리와 피지배층인 일반 농민이 모두 여기에 속함.
공복 나랏일을 하는 사람이 궁궐에 갈 때 입었던 옷.
12목 고려의 건국 이후 처음으로 설치한 지방 행정 조직.

연결하여
읽기 **2** **다음 왕의 정책으로 알맞은 것을 골라 (   ) 안에 기호를 쓰세요.**

(1) 광종의 정책 (,   ,   )   (2) 성종의 정책 (,   ,   )

㉠ 과거제를 도입함.   ㉡ 국자감을 설치함.
㉢ 노비안검법을 시행함.   ㉣ 관리들의 공복 색깔을 구분함.
㉤ 유교를 나라의 통치 이념으로 삼음.   ㉥ 지방의 주요 지역에 지방관을 파견함.

3 다음 두 정책의 공통된 목적으로 알맞은 것을 고르세요. ( )

과거제

지방관 파견

① 왕권을 강화하기 위함.   ② 왕의 권력을 줄이기 위함.

③ 호족의 권한을 키우기 위함.   ④ 유교 지식을 갖춘 인재를 뽑기 위함.

⑤ 유교를 나라의 통치 이념으로 삼기 위함.

4 이 글과 〈보기〉를 읽고, 「시무 28조」에 대한 설명으로 알맞지 <u>않은</u> 것을 고르세요.

( )

〈보기〉

최승로의 「시무 28조」

7조   임금께서 백성의 집집마다 가서 날마다 돌볼 수는 없습니다. 수령을 파견하여
　　　백성을 돌보게 하십시오.

13조   연등회와 팔관회 같은 불교 행사를 줄여서 백성이 힘을 펴게 하십시오.

14조   임금께서는 잘난 체하지 않고 아랫사람을 공손하게 대하며, 죄의 가볍고 무거
　　　움을 법대로 한다면 좋은 나라를 만들 수 있습니다.

20조   불교를 믿는 것은 자신을 갈고닦는 근본이며, 유교를 행하는 것은 나라를 다스
　　　리는 근본입니다. 자신을 갈고닦는 것은 아주 먼 일이고, 나라를 다스리는 것이
　　　오늘의 급한 일입니다.

- 『고려사』

---

① 최승로는 불교 행사를 줄일 것을 건의했다.

② 성종은 최승로의 건의에 따라 지방관을 파견했다.

③ 「시무 28조」에는 나랏일에 대한 의견이 두루 담겨 있다.

④ 성종은 「시무 28조」에 따라 불교를 나라의 통치 이념으로 삼았다.

⑤ 최승로는 유교 사상을 바탕으로 정치를 개혁해야 한다고 생각했다.

5 다음 구조도를 보며 이 글의 내용을 정리해 보고, 빈칸에 알맞은 말을 쓰세요.

광종의 왕권 강화 정책	성종의 통치 체제 정비

– [　　　　　] 시행: 호족의 경제력과 군사적 기반을 약하게 함. – [　　　　] 도입: 유교 지식과 학문 능력에 따라 시험을 쳐서 인재를 뽑음. – 공복 색깔을 구분함. – 독자적인 연호를 사용함.	– 최승로의 「시무 28조」를 받아들임. – [　　　] 를 통치 이념으로 삼음. – 지방 12목에 [　　　　] 을 파견함. – 최고 교육 기관인 국자감을 세워 인재를 키움.

6 이 글과 다음 자료를 보고, 물음에 답하세요.

고려 건국 후 태조 왕건은 호족의 도움으로 후삼국을 통일할 수 있었기 때문에 그들에게 많은 땅과 권력을 나눠 주어야 했습니다. 그래서 나라에 공을 세운 호족들은 '공신'이라는 이름으로 권력을 누렸습니다. 공신 호족들은 후삼국의 혼란을 틈타 전쟁 포로로 잡힌 사람이나 가난해서 빚을 못 갚은 사람들을 노비로 삼아 세력을 키웠습니다. 호족이 불법적으로 차지한 노비는 호족의 사병이 될 수 있어서 왕권에 위협이 되었을 뿐만 아니라, 노비가 늘어나면서 세금을 낼 양인이 줄어들어 나라 재정도 어려워졌습니다. 이에 광종이 (㉠)을 시행했습니다.

(1) ㉠에 알맞은 광종의 정책을 쓰세요.　　　　㉠
----

(2) 광종이 ㉠ 정책을 실시한 목적을 쓰세요.

광종은

위해 실시했습니다.
----

03. 그러면서 고려는 통치 체제를 정비했어요.

정답과 해설 3쪽

그림으로 만나는 개념

고려의 중앙 정치 제도

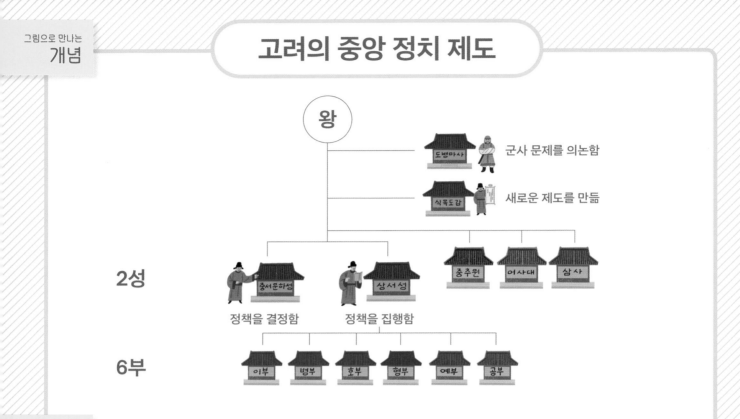

문장으로 다지는 어휘

2성 6부	**중서문하성**	**상서성**	**도병마사**	**식목도감**
(- 관청성 - 관청부)	(가운데중 글서 부문문 아래하 관청성)	(받들상 글서 관청성)	(도읍도 병사병 말마 부릴사)	(법식 눈목 도읍도 볼감)
고려 때의 중앙 정치 제도.	고려 시대에 나랏일을 맡아 정책을 결정하던 최고 관청.	고려 시대에 나라 정책을 집행하던 관청. 아래에 6개 부를 둠.	고려 시대에 주로 군사와 관련된 일을 하던 회의 기관.	고려 시대에 새로운 제도와 규칙을 만들던 기관.

고려는 나라 전체를 다스리는 **중앙 정치 제도**를 정비했어요.

★ 고려는 [   ]성[   ]부를 두어 나랏일을 맡도록 했어요.

2성 가운데 [   ]이 정책을 결정하고, 상서성은 6부를 통해 정책을 집행했어요.

또한 도[   ]와 식[   ] 같은 회의 기구를 따로 두어 나랏일을 논의했어요.

고려의 행정 제도

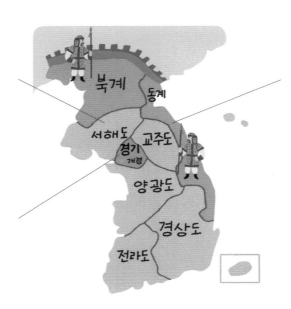

5도
일반 행정 구역

양계
국경을 지키기 위한
군사 행정 구역

경기
도읍인 개경을
둘러싸고 있는 지역

행정 제도 (행할행 정치정 -)
나라가 정해진 법과 규칙에 따라 나랏일을 맡아 하는 제도.

경기 (서울경 가장자리기)
고려 때 도읍인 개경을 둘러싸고 있던 지역.

5도 (- 길도)
고려 때의 지방 행정 구역. 전국을 다섯 개의 도로 나누고 그 아래에 군현을 설치함.

양계 (둘양 경계계)
고려 때의 지방 행정 구역. 동계는 동쪽의 국경 지대를, 북계는 북쪽의 국경 지대를 가리킴.

고려는 전국을 다스리는 **행정 제도**도 정비했어요.

⭐ 고려는 전국을 5도, 양계, [　　　]로 나누었어요.

일반 행정 구역인 [　　　]에는 서해도, 교주도, 양광도, 전라도, 경상도가 있었어요.

군사 행정 구역인 [　　　]에는 북계와 동계가 있었어요.

1장 고려의 성립 **23**

고려는 통치 체제를 정비했어요.

▼ 다음 글을 읽고 물음에 답하세요.

중앙 정치 제도

고려는 초기에 왕권 강화에 힘쓰면서 나라를 다스리는 통치 제도를 정비하기 시작했어요.

먼저, 나라 전체를 다스리는 중앙 정치 제도를 정비했어요. 고려는 중앙 정치 기구로 2성 6부를 두어 나랏일을 맡도록 했어요. 당나라의 3성 6부를 참고하여 고려의 현실에 맞게 제도를 고친 것이었지요. 영토도 작고 인구도 적은 고려는 정책 기구를 중서문하성과 상서성의 2성으로 만들었어요. 그중 중서문하성은 최고 관청으로 국가 정책을 세우고 결정하는 일을 맡았어요. 상서성은 중서문하성에서 세운 정책을 실제로 집행하는 일을 맡았어요. 상서성 아래에 이부, 병부, 호부, 형부, 예부, 공부의 6부가 있었어요. 국가의 일을 여섯 분야로 나누는 6부 체제가 우리나라에 자리를 잡은 것은 이때가 처음이에요.

또한 중서문하성과 상서성의 2성 외에 중추원, 어사대, 삼사라는 기구가 따로 있었어요. 중추원은 국왕의 비서 기관 같은 곳으로, 왕의 명령을 전달하고 군사 기밀을 다루어 왕권을 뒷받침했어요. 어사대는 관리의 비리를 살폈고, 삼사는 나랏돈이 들어오고 나가는 일을 계산하여 국가 재정을 관리했어요.

한편, 도병마사와 식목도감처럼 고려만이 가지고 있던 독자적인 기구도 있었어요. 도병마사와 식목도감은 국가의 중요 정책을 결정하는 회의 기구였어요. 중서문하성과 중추원의 높은 관리들이 도병마사와 식목도감에 모여 국가의 큰일을 의논했지요. 도병마사에서는 군사 문제를 의논하고, 식목도감에서는 새로운 법이나 제도, 규칙 등을 만들었어요.

바르게 읽기

1 이 글의 내용으로 알맞은 것에 ○표, 알맞지 않은 것에 ✕표를 하세요.

(1) 고려의 중앙 정치 제도는 3성 6부로 운영되었다. ( )

(2) 군사 문제를 의논하는 회의 기구로 도병마사가 있었다. ( )

(3) 고려는 행정 제도를 정비하여 전국을 5도, 양계, 경기로 나누어 다스렸다. ( )

(4) 고려의 중앙군은 2군 6위였으며, 5도를 지키고 양계에서 외적의 침입을 막았다.

( )

고려는 전국을 다스리는 행정 제도도 정비했어요. 전국을 5도(서해도, 교주도, 양광도, 전라도, 경상도), 양계(북계, 동계), 경기로 나누었지요. 일반 행정 구역인 5도에는 안찰사를, 국경 지역에 있던 군사 행정 구역인 양계에는 병마사를 파견해 관리했어요. 경기는 도읍인 개경과 그 주변 지역이었어요.

▲ 고려의 행정 구역

5도 아래에는 군현을 두고 지방관을 파견했어요. 현은 지방관이 파견된 주현과 파견되지 않은 속현으로 나뉘었어요. 그러나 지방관이 있는 주현보다 지방관이 없어 향리가 행정을 담당하는 속현이 더 많았어요. 이 밖에 특수 행정 구역으로 향·부곡·소가 있었는데, 이곳에 사는 사람들은 세금을 많이 부담하는 등 차별을 받았어요.

고려는 군사 제도도 정비하여 중앙군인 2군 6위와 지방군인 주현군, 주진군을 만들었어요. 중앙의 2군은 궁궐과 왕실을 지키고, 6위는 개경과 국경 지방을 지켰어요. 지방의 주현군은 5도를 지키고, 주진군은 양계에서 외적의 침입을 막았어요.

〈낱말 풀이〉 **안찰사** 고려 시대 때 지방 조직인 5도에 파견된 지방 관리. 도를 이리저리 돌아다니면서 지방관이 제대로 일하는지 살핌.
병마사 고려 시대 때 지방 조직인 양계에 파견된 지방 관리. 군사와 행정을 함께 맡음.
파견 일정한 임무를 주어 사람을 보냄.
향리 고려 시대에 지방 행정을 담당했던 하급 관리.

연결하여 읽기 **2** **고려의 중앙 정치 기구와 하는 일을 알맞게 선으로 연결하세요.**

(1) 상서성 •
(2) 도병마사 •
(3) 식목도감 •
(4) 중서문하성 •

• ㉠ 정책을 실제로 집행함.
• ㉡ 국가 정책을 세우고 결정함.
• ㉢ 군사 문제를 의논하고 결정함.
• ㉣ 새로운 법이나 제도, 규칙을 만듦.

3 고려의 행정 제도와 군사 제도에 대한 설명으로 알맞은 것을 고르세요. ( )

① 전국을 8도로 나누어 다스렸다.

② 군사 행정 구역으로 향·부곡·소가 있었다.

③ 5도 아래에 군현을 두고 안찰사를 파견했다.

④ 지방군은 주현군과 주진군으로, 궁궐과 왕실을 지켰다.

⑤ 지방관이 파견된 주현보다 지방관이 없는 속현이 더 많았다.

4 이 글과 〈보기〉를 보고, 고려의 중앙 정치 제도에 대한 설명으로 알맞지 <u>않은</u> 것을 고르세요.
( )

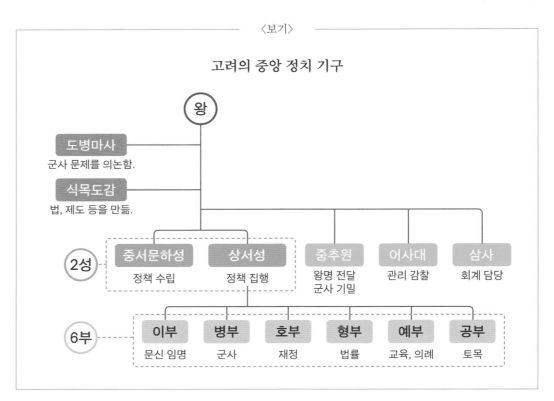

① 2성은 중서문하성과 상서성을 말한다.

② 고려의 최고 관청은 도병마사와 식목도감이다.

③ 고려의 중앙 정치 제도는 당의 3성 6부를 참고한 것이다.

④ 중추원은 국왕의 비서 기관 같은 곳이었고, 삼사는 국가 재정을 관리했다.

⑤ 도병마사에서 군사 문제를 의논하고, 식목도감에서 새로운 법을 만들었다.

5 다음 구조도를 보며 이 글의 내용을 정리해 보고, 빈칸에 알맞은 말을 쓰세요.

고려의 중앙 정치 제도	고려의 행정 제도	고려의 군사 제도
- ☐ : 중서문하성, 상서성 - 6부: 이부, 병부, 호부, 형부, 예부, 공부 - 중추원, 어사대, 삼사 - ☐ : 군사 문제 회의 기구 - 식목도감: 법과 제도를 만드는 회의 기구	- 5도(일반 행정 구역) : 서해도, 교주도, 양광도, 전라도, 경상도 → 안찰사 파견 - 양계(군사 행정 구역) : 북계, 동계 → 병마사 파견 - ☐ : 개경과 그 주변 지역	- 중앙군: 2군 6위 - 지방군: 주현군, 주진군

6 이 글과 다음 지도를 보고, 물음에 답하세요.

(1) 양계 지역을 지도에 ▨▨▨ 표 하세요.

(2) 고려가 전국을 어떻게 나누어 다스렸는지 쓰세요.

고려는 전국을

----

04. **또한** 고려는 관리 등용 제도도 정비했어요.

정답과 해설 4쪽

그림으로 만나는
개념

고려의 교육 제도

국자감

개경에 국자감을 두어
유학을 가르치고 관리를 키움

향교

지방에 향교를 두어
유학을 가르침

문장으로 다지는
어휘

개경
'개성'의 옛 이름. 고려 태조 왕건이 왕위에 오른 이듬해에 궁궐을 새로 지어 도읍지로 정한 곳임.

국자감
(나라**국** 아들**자** 관청**감**)
고려 시대에 유학을 가르치고 관리를 기르기 위해 나라에서 세운 최고 교육 기관.

유학 (선비유 학문학)
중국 공자의 가르침을 바탕으로 삼는 학문. 인간의 도덕과 사회의 정의를 다룸.

향교 (시골향 학교교)
고려 시대에 유학을 가르치기 위해 나라에서 지방에 세운 교육 기관.

고려는 인재를 기르는 **교육 제도**를 세웠어요.

⭐ 개경에 설치된 ☐☐☐은 나라에서 세운 최고 교육 기관이었어요.

국자감에서는 ☐☐을 가르쳐 관리로 뽑힐 인재를 길러 냈어요.

지방에도 ☐☐를 두어 지역 학생들에게 유학을 가르쳤어요.

고려의 관리 등용 제도

과거

시험을 쳐서 관리를 뽑음

음서

왕족이나 높은 관리의 자손을
시험 없이 관리로 뽑음

관리 등용
(벼슬**관** 벼슬아치**리** 올릴**등** 쓸**용**)
나라의 사무를 맡아보는 사람을 뽑아
서 씀.

과거 (과목**과** 들**거**)
고려 시대에 있었던 관리를 뽑기 위한
시험. 과목(시험의 종류)에 따라 사람
을 뽑아 올린다는 뜻임.

음서 (그늘**음** 줄**서**)
고려 시대에 과거를 거치지 않고 관리
로 뽑히던 일. 주로 공을 세웠거나 높
은 벼슬을 하는 귀족이나 양반 자손들
이 혜택을 받음.

고려는 인재를 뽑는 ⬚⬚ **제도**도 정비했어요.

 고려 시대에는 주로 **과거**와 **음서**로 관리를 뽑았어요.

⬚는 시험을 쳐서 관리를 뽑는 제도예요.

왕족이나 높은 관리의 자손 등은 시험을 거치지 않고 ⬚로 관리가 될 수 있었어요.

고려는 관리 등용 제도도 정비했어요.

▼ 다음 글을 읽고 물음에 답하세요.

교육 제도

고려는 교육을 중요하게 여겼어요. 태조 때부터 개경과 서경에 학교를 두고 인재를 길렀지요. 뿐만 아니라 유교를 정치 이념으로 삼으면서 유학 교육을 중요하게 여겼어요. 이에 따라 성종 때는 개경에 최고 교육 기관인 국자감이 세워졌어요. 국자감이란 나라의 자제를 키운다는 뜻으로, 학생들은 시험을 보고 국자감에 입학했어요. 국자감에서는 유학을 비롯하여 기술학도 가르쳤는데, 높은 관리의 자제들이 주로 유학을 공부하며 과거를 준비했어요. 지방에는 향교를 세워 유학을 가르쳤어요. 주요 지방에 설치한 12목에 유학 교육을 담당하는 경학박사*와 의학 교육을 담당하는 의학박사*를 보내 지역의 우수한 학생을 가르치게 하기도 했어요.

관리 등용 제도

고려에서는 인재를 기르는 것뿐만 아니라 좋은 인재를 가려 뽑는 인재 등용도 중요하게 여겼어요. 고려에서는 과거와 음서로 관리를 뽑았어요.

과거

과거는 시험을 통해 유교 경전을 얼마나 이해했고 글을 얼마나 잘 쓰는지 가려 내어 관리를 선발하는 제도예요. 과거는 문과, 잡과, 승과로 나뉘었어요. 문과에서는 문관을 뽑았는데, 글 짓는 능력을 보는 제술과와 유교 경전을 얼마나 이해했는지 보는 명경과로 나누어 시험을 치렀어요. 잡과는 법, 의학, 지리 등의 실용적인 기술학 시험을 쳐서 기술관을 뽑았어요. 승려를 대상으로 하는 승과를 따로 두어 시험에 합격한 승려에게는 승계*를 내렸어요. 군사 일을 하는 무관을 뽑는 무과는 거의 시행되지 않았기 때문에 무예가 뛰어나거나 신체 조건이 좋은 사람을 추천받아 따로 뽑기도 했어요. 과거 시험은 법적으로 양인이면 누구나 치를 수 있었어요. 하

바르게 읽기

1 이 글의 내용으로 알맞은 것에 ○표, 알맞지 않은 것에 ×표를 하세요.

(1) 고려 시대 최고 교육 기관은 국자감이다. ( )

(2) 고려에서는 관리 등용 제도로 과거와 음서를 시행했다. ( )

(3) 법적으로 양인이면 누구나 과거 시험을 치를 수 있었다. ( )

(4) 음서를 통해 출세하는 경우가 많고 혜택이 커서 과거보다 더 명예롭게 생각했다.

( )

지만 실제로는 귀족이나 향리의 자제는 주로 문과, 일반 백성은 주로 잡과에 시험을 쳤어요.

이에 비해 음서는 왕족이나 높은 관리의 자손들이 시험을 치르지 않고 관리가 될 수 있는 제도였어요. 고려에서는 음서를 통해 출세하는* 경우가 많았어요. 음서의 혜택은 아들과 사위, 손자에까지 적용되었고 음서를 통하면 어린 나이에도 관직에 나갈 수 있었어요.

음서

그렇지만 음서의 혜택을 받은 사람들도 다시 과거 시험을 치는 경우가 많았어요. 왜냐하면 과거에 합격하는 것을 음서로 관리가 되는 것보다 명예롭게 생각했기 때문이에요. 이처럼 과거가 중요시되면서 고위 관리가 될 수 있는 사람의 폭이 신라 시대보다 훨씬 넓어졌어요.

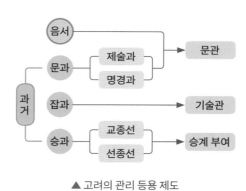

▲ 고려의 관리 등용 제도

〈낱말 풀이〉 **자제** 남을 높여 그의 아들을 이르는 말.
　　　　　경학박사 고려 시대 때 12목에 파견하여 지방의 우수한 학생에게 유학을 가르친 사람.
　　　　　의학박사 고려 시대 때 12목에 파견하여 지방의 우수한 학생에게 의학을 가르친 사람.
　　　　　승계 승려의 등급. 가장 높은 승계는 왕사나 국사였는데, 왕과 나라의 큰 스승으로 우대받음.
　　　　　출세하다 사회적으로 높은 지위에 오르거나 이름이 널리 알려지게 되다.

연결하여
읽기　**2**　**고려의 과거 시험과 알맞은 설명을 선으로 연결하세요.**

(1) 문과 •　　　　　　• ㉠ 문관을 뽑음.

(2) 무과 •　　　　　　• ㉡ 합격한 승려에게 승계를 내림.

(3) 승과 •　　　　　　• ㉢ 법, 의학, 지리 등 분야에서 기술관을 뽑음.

(4) 잡과 •　　　　　　• ㉣ 거의 시행되지 않아 무예가 뛰어난 사람을 추천받아 뽑음.

3 고려의 교육 제도에 대한 설명으로 알맞지 <u>않은</u> 것을 고르세요.　　　(　　　)

① 고려 시대 지방의 교육 기관으로는 향교가 있었다.

② 지방 12목에 경학박사와 의학박사를 보내기도 했다.

③ 성종 때 최고 교육 기관인 국자감이 개경에 세워졌다.

④ 유교를 정치 이념으로 삼으면서 유학 교육을 중요하게 여겼다.

⑤ 국자감에서는 유학만을 가르쳤으며, 기술학은 가르치지 않았다.

4 이 글과 〈보기〉를 읽고 알 수 있는 사실로 알맞지 <u>않은</u> 것을 고르세요.　　　(　　　)

〈보기〉

최종번의 이야기

저는 일찍이 과거에 뜻을 두었으나 글 쓰는 재능이 없고 문서에도 익숙하지 못합니다. 가문의 혜택을 입어 관리가 되었습니다만, 유학으로 이름을 떨치지 못한다면 앞으로 무슨 낯으로 벼슬살이를 하겠습니까? - 『동국이상국집』

이규보의 이야기

이규보는 9세 때부터 문장을 잘 지었고, 중국의 경전을 한 번 보고 그대로 쓰기도 했습니다. 그러나 이규보는 과거의 예비 시험인 국자감 시험에서 세 번이나 잇따라 떨어졌고, 23세가 되어서야 과거에 합격했지만 등수는 낮았습니다.

고려 시대의 관직 임용 경로

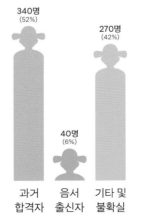

340명
(52%)

270명
(42%)

40명
(6%)

과거
합격자　음서
출신자　기타 및
불확실

- 『고려사』에 나오는 인물 통계 자료

① 최종번은 음서로 관리가 되었다.

② 음서로 관리가 된 사람들도 다시 과거 시험을 치려고 했다.

③ 고려 시대에 음서로 관리가 된 사람보다 과거로 관리가 된 사람이 더 많았다.

④ 고려 시대에는 과거로 관리가 되는 것을 더 좋게 생각했고, 과거가 더 중요시되었다.

⑤ 고려 시대에는 양인이면 누구나 과거를 볼 수 있었고, 시험에 합격하는 것도 쉬웠다.

5 다음 구조도를 보며 이 글의 내용을 정리해 보고, 빈칸에 알맞은 말을 쓰세요.

고려의 교육 제도	고려의 관리 등용 제도

| - 유학 교육을 중요시함.
- [   ] : 개경에 세운 최고 교육 기관
- [   ] : 지방에서 유학을 가르친 기관 | [   ]
- 유교 경전의 이해 정도와 글솜씨를 시험쳐서 관리를 선발함.
- 문과, 잡과, 승과로 나누어 시험을 침.
- 양인이면 누구나 시험을 칠 수 있었음. | [   ]
- 왕족이나 높은 관리의 자손들이 시험을 치르지 않고 관리가 됨.
- 음서의 혜택을 받은 사람도 다시 과거 시험을 치는 경우가 많았음. |

6 이 글과 다음 자료를 보고, 물음에 답하세요.

 조상의 공이 있으면 나이 18세가 넘어서 벼슬을 줄 수 있다. 목종이 왕의 자리에 올라 말하기를 "5품 이상 문무관의 아들에게는 (㉠   )를 준다."라고 하였다.

－『고려사』

(1) ㉠에 알맞은 고려의 관리 등용 제도를 쓰세요.   ㉠

- -

(2) ㉠은 어떤 제도인지 쓰세요.

- -

관리가 될 수 있는 제도입니다.

- -

고려

① ☐ ☐ ☐ ☐ **성립**

통일 신라 말기의 신라, 후고구려,
후백제의 세 나라를 이르는 말.

918년

② ☐ ☐ **건국**

후고구려의 왕건이 궁예가 쫓겨난 후
개성에 도읍하여 세운 나라.

고려 초기 왕들의 정책

태조 왕건

민족 통합

① ☐ ☐ **포섭**

통일 신라 말 지방에서 성장한
경제력이나 군사력이 강한 세력.

광종

② ☐ ☐ ☐ ☐ ☐

억울하게 노비가 된 사람을
풀어 주도록 한 법.

③ ☐ ☐ ☐ **실시**

고려 시대에 관리를 뽑기 위해
시험을 치던 제도.

성종

④ ☐ ☐ ☐ ☐ ☐ **수용**

고려 초기 최승로가 성종에게 제안한
28개의 정치 개혁안.

⑤ ☐ ☐ ☐ **파견**

지방에서 왕을 대신하여 지방 백성을
다스리고 보살피는 일을 하던 관리.

935년 / 936년

신라 항복
후백제 멸망

936년

③ ☐ ☐ ☐ ☐ ☐

왕건에 의해 후백제와 신라가
고려로 합쳐진 일.

고려의 통치 체제

(중앙 정치)

① ☐ ☐ ☐

중서문하성과 상서성으로 된
2성과, 상서성 아래 이부, 병부,
호부, 형부, 예부, 공부의
6부를 둠.

(지방 행정)

② ☐ ☐ , ☐ ☐

일반 행정 구역으로 전국을 5도로
나누고, 군사 행정 구역으로 양계를 둠.

고려의 교육, 관리 등용 제도

(교육)

① ☐ ☐ ☐

고려 시대에 유학을 가르치고
관리를 기르기 위해 나라에서
세운 최고 교육 기관.

향교

과거

(관리 등용)

② ☐ ☐

고려 시대에 과거를 거치지
않고 관리로 뽑히던 일.

탐구 주제 1 「훈요 10조」에 담긴 태조의 정책은 무엇일까?

〈자료 1〉 **태조 왕건의 정책**

태조는 고려를 세운 후 나라가 안정되고 오랫동안 발전해 나가기를 바랐습니다. 이를 위해서는 후대 왕들에게 올바른 국가 통치의 지침을 전해야 한다고 생각했습니다. 그래서 태조는 세상을 떠나기 전에 후대 왕들이 지켜야 할 10가지 가르침을 「훈요 10조」로 남겼습니다.

「훈요 10조」에서 태조는 불교를 중시할 것을 당부했습니다. 또한 거란을 멀리하고 서경을 중시하여 북진 정책을 추진할 것을 강조했습니다. 「훈요 10조」에는 세금을 낮추어 백성 생활을 안정시키려 했던 태조의 생각도 담겨 있습니다.

〈자료 2〉 「훈요 10조」

1조   불교의 힘으로 나라를 세웠으므로 절을 짓고 승려를 보내어 불교를 적극 키워라.

4조   중국의 풍습을 억지로 따를 필요가 없으며, 거란의 풍습과 제도는 본받지 마라.

6조   부처를 섬기는 연등회와 하늘의 신령을 섬기는 팔관회를 성실하게 열어라.

7조   세금을 가볍게 하여 백성의 믿음을 얻도록 하라.   - 『고려사』

1   〈자료 1〉과 〈자료 2〉를 읽고, 태조 왕건의 정책에 맞는 「훈요 10조」의 조항을 찾아 빈칸에 쓰세요.

북진 정책	민생 안정 정책	불교를 받드는 정책
4조	㉠ ( )조	㉡ (,)조

2   태조가 「훈요 10조」를 남긴 까닭을 다음 핵심어를 모두 넣어 쓰세요.

핵심어   (후대 왕) (국가 통치)

고려 왕들은 나라 기틀을 다지기 위해 어떤 노력을 기울였을까?

〈자료 1〉 **광종의 개혁 정책**

광종 7년(956) 노비를 조사하여 옳고 그름을 분명히 밝히도록 했다. - 『고려사』

쌍기의 건의를 받아들여 과거 제도를 처음 마련하였다. - 『고려사』

〈자료 2〉 **최승로의 「시무 28조」**

7조　임금께서 백성의 집집마다 가서 날마다 돌볼 수는 없습니다. 수령을 파견하여 백성을 돌보게 하십시오.

20조　불교를 믿는 것은 자신을 갈고닦는 근본이며, 유교를 행하는 것은 나라를 다스리는 근본입니다. 자신을 갈고닦는 것은 아주 먼 일이고, 나라를 다스리는 것이 오늘의 급한 일입니다. - 『고려사』

---

1 〈자료 1〉을 읽고, 다음 글의 ㉠ ~ ㉢에 알맞은 말을 보기에서 골라 쓰세요.

보기 　(과거제) (노비안검법) (왕권) (호족)

　　고려 시대 때 광종은 호족들이 불법적으로 차지한 노비를 풀어 주는 (㉠)을 시행하여 (㉡) 세력을 약화시키고자 했습니다. 또한 (㉢)를 처음 도입했습니다. 호족을 대신해 왕의 명령에 충실히 따를 새로운 신하가 필요했던 광종은 이 제도를 실시하여 (㉣)을 강화할 수 있었습니다.

㉠ (　　　　　) ㉡ (　　　　　) ㉢ (　　　　　) ㉣ (　　　　　)

2 〈자료 2〉를 받아들여 성종이 실시한 정책 두 가지를 다음 핵심어를 모두 넣어 두 문장으로 쓰세요.

핵심어 　(지방관) (파견) / (유교) (통치 이념)

고려 중앙 정치 제도의 특징은 무엇일까?

〈자료 1〉 고려의 중앙 정치 제도

고려는 중앙 정치 기구로 2성 6부를 두어 나랏일을 맡도록 했습니다. 중서문하성은 최고 관청으로 국가 정책을 세우고 결정하는 일을 맡았고, 상서성은 중서문하성에서 세운 정책을 실제로 집행하는 일을 맡았습니다. 한편 국가의 중요 정책을 결정하는 회의 기구가 따로 있었는데, 도병마사에서는 군사 문제를 의논하고, 식목도감에서는 새로운 법이나 제도, 규칙 등을 만들었습니다.

〈자료 2〉 고려의 중앙 정치 기구

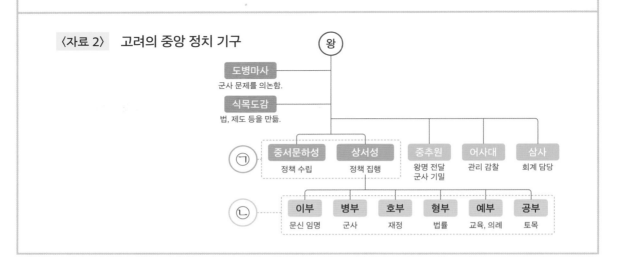

1 〈자료 2〉의 ㉠과 ㉡에 알맞은 말을 〈자료 1〉에서 찾아 쓰세요.

㉠ (   ) ㉡ (   )

2 〈자료1〉과 〈자료 2〉에서 아래의 (가)와 (나)의 설명에 해당하는 기구를 찾아 쓰세요.

(가) 정책을 집행했다.   ㉠ (   )
(나) 고려의 최고 관청이다.   ㉡ (   )

3 도병마사와 식목도감에서 어떤 일을 했는지 다음 핵심어를 모두 넣어 두 문장으로 쓰세요.

핵심어 (군사 문제) / (법) (제도) (규칙)

고려에서는 어떻게 관리를 뽑았을까?

〈자료 1〉 **고려의 관리 등용 제도**

고려에서는 과거와 음서로 관리를 뽑았습니다. 과거는 법적으로 양인이면 누구나 시험을 치러 관리가 될 수 있는 제도였습니다. 음서는 왕족이나 높은 관리의 자손들이 시험을 치르지 않고 관리가 될 수 있는 제도였습니다. 그렇지만 음서의 혜택을 받은 사람들도 다시 과거 시험을 치는 경우가 많았습니다. 과거가 중요시되면서 고위 관리가 될 수 있는 사람의 폭이 신라 시대보다 훨씬 넓어졌습니다.

〈자료 2〉 **신라의 관리 등용 제도**

설계두는 신라 귀족 가문의 자손이다. "신라는 사람을 쓰는 데 골품을 따져서 그 자손이 아니면 뛰어난 재주와 큰 공이 있어도 한계를 넘지 못한다. 나는 중국에서 공을 세워 이름을 떨칠 것이다."라고 말하였다. 그는 몰래 배를 타고 당으로 갔다.

— 『삼국사기』

1 〈자료 1〉을 바탕으로 ㉠에 공통으로 알맞은 말을 쓰세요.

> 이영이 아버지의 뒤를 이어 서리가 되려고 글을 써서 관리에게 내면서 절을 하지 않았다. 그러자 관리가 화를 내었고, 이영은 그 자리에서 자기가 쓴 글을 찢으면서 "내가 (㉠)에 합격하여 벼슬을 하려는데 뭣 때문에 네게 절을 한단 말이냐?"라고 하였다. 이후 이영은 숙종 때 (㉠)에 합격했다.
>
> — 『고려사』

㉠ (   )

2 〈자료 1〉과 〈자료 2〉를 바탕으로 신라와 비교하여 고려의 관리 선발 방식이 어떻게 달라졌는지 다음 문장 형식에 맞게 쓰세요.

문장 형식 고려 시대에는 신라 시대보다 ~ 훨씬 넓어졌습니다.

- -

- -

고려의 도읍지는 어떤 모습이었을까요?

왕건은 고려를 세우면서 개경에 새로 궁궐을 짓고 도읍지로 정했어요.
개경은 고려가 이어진 500여 년 동안 수도로서 나라의 중심 노릇을 했어요.

개경은 한반도의 가운데에 자리했어요.

신라의 수도 금성(경주)은 한반도의 동남쪽에 치우쳐 있었지만, 개경은 나라의 중심 부분에 자리 잡았어요. 그래서 전국을 다스리기에도 편리했어요. 또한 가까이에 임진강과 예성강, 한강이 있고 바다와도 가까워 뱃길로 오가거나 이웃 나라와 무역을 하기에도 유리했어요. 이처럼 개경은 교통의 중심지였어요.

개성, 송도, 송악이라고도 불렸어요.

개경은 오늘날 북한에 있는 개성시예요. 개경은 옛날에 개성, 송도, 송악, 송경이라고도 불렸어요. 옛날에 이곳에 소나무가 많아서 송(松 소나무 송) 자가 들어간 이름이 많았다고 해요. 개경을 감싸 안고 있는 송악산에서 나온 이름이라는 말도 있어요.

화려한 궁궐이 있었어요.

개성의 송악산 아래에는 고려의 궁궐이 있었는데, 입이 떡 벌어질 만큼 웅장하고 화려했다고 해요. 중심 건물까지 가려면 문 네 개를 거쳐야 했어요. 옛 기록에 '대단히 아름답고, 붉은색과 푸른색으로 칠해져 있어 바라보고 있으면 깊고 넓은 느낌을 준다'고 되어 있어요. 하지만 화려했던 고려 궁궐은 불타 없어지고 지금은 궁궐터만 남아 있어요.

50만 명이나 되는 사람들이 살았어요.

1231년 무렵 개경에 집이 약 10만 호에 이르렀다는 기록이 있어요. 한 호는 지금의 한 집과 같은 뜻이에요. 한 집에 평균 다섯 식구가 살았다고 치면 개경의 인구는 약 50만 명으로 짐작되지요. 당시 고려 전체 인구가 300~500만 명 정도였다고 하니 고려 시대에도 많은 사람들이 수도에 몰려 살았다는 것을 알 수 있어요.

01. 고려 문벌 사회가 흔들렸어요.

정답과 해설 6쪽

흔들리는 문벌 사회

(배경)	1126년	1135년	
문벌의 형성	**이자겸의 난**	**서경 천도 운동**	**개경파의 반대**

대를 이어 높은 벼슬을 한 집안이 권력을 누림	문벌 출신 이자겸이 난을 일으킴	서경 출신 묘청 등이 도읍을 서경으로 옮기려 함	김부식 등 개경 세력이 서경 천도를 반대함

문벌 (집안문 가문벌)
고려의 지배 세력 중 한 부류로, 여러 대에 걸쳐 높은 벼슬자리에 오른 집안과 그 집안의 사람.

이자겸
고려 시대에 딸들을 예종, 인종과 결혼시키고 권력을 휘두른 사람.

묘청
고려 시대의 승려. 서경 출신 인물로, 인종에게 서경으로 도읍을 옮길 것을 건의함.

서경 천도 운동
(- 옮길천 도읍도 -)
묘청을 비롯한 개혁 세력이 고려의 도읍을 서경으로 옮기려 한 정치적 움직임.

김부식
고려의 정치가이자 역사가. 서경 천도 운동을 진압해 최고 벼슬에 올랐으며, 『삼국사기』를 지음.

⭐ 고려 사회가 안정된 후 대를 이어 높은 벼슬을 한 집안이 [   ]을 이루어 권력을 누렸어요.

문벌 출신 [   ]은 **난**을 일으키면서 왕권을 위협하기도 했어요.

그 뒤 [   ] 등 서경 출신 세력이 [   ] 운 동 을 벌여 고려를 개혁하려 했어요.

하지만 [   ] 등 개경 세력의 반대로 실패했어요.

무신 정변

문신 중심 정치	무신 정변	무신 정권기
(배경)	1170년	1170~1270년

문신에 비해 무신이
차별받음

무신들이 힘으로
권력을 빼앗음

무신들이 권력을 잡음

문신 (글월문 신하신)
문과 출신의 신하. 고려 시대 때 유학 중심 사회가 되면서 문벌을 이루어 높은 벼슬자리를 차지함.

무신 (무사무 신하신)
군사 일을 맡아보던 신하. 고려 시대 때 문신에 비해 낮은 대우와 차별을 받음.

무신 정변
(- 정치정 변할변)
고려 시대, 1170년에 문신들에 비해 차별받던 무신들이 힘으로 권력을 빼앗은 정치적 사건.

무신 정권기
(- 정치정 권세권 기간기)
1170년 무신 정변 이후 백 년간 무신들이 고려의 권력을 잡고 정치를 한 시기.

문벌 사회였던 고려는 [ ] 을 중심으로 정치가 운영됐어요.

그래서 [ ] 들은 문신들에 비해 차별 대우를 받았어요.

★ 차별에 불만을 품은 무신들이 [ ] 을 일으켰어요.

무신 정변 이후 백 년간 무신들이 권력을 잡은 [ ] 가 이어졌어요.

고려 문벌 사회가 흔들렸어요.

▼ 다음 글을 읽고 물음에 답하세요.

문벌 사회

고려 사회가 안정되면서 대를 이어 높은 벼슬을 한 집안이 나타났는데, 이들을 문벌이라고 해요. 문벌은 고려 사회를 쥐락펴락하는 지배층이 되었어요. 이들은 과거와 음서를 통해 대대로 높은 관직을 독차지하며 권력을 누렸고, 왕실이나 다른 문벌과 결혼을 하여 세력을 넓혀 갔어요.

이자겸의 난

특히 대표적인 문벌이었던 경원 이씨 가문은 왕실과 거듭해서 혼인을 하여 80여 년에 걸쳐 막강한 권력을 누리고 있었어요. 경원 이씨 가문 출신인 이자겸은 딸들을 예종, 인종과 결혼시켰지요. 이자겸은 인종의 외할아버지이자 장인이 되어 왕에 버금가는 권력을 휘둘렀어요. 이에 인종이 왕권에 위협을 느끼고 이자겸을 없애려 했어요. 하지만 인종의 계획을 알아챈 이자겸이 먼저 반란을 일으켰어요. 이자겸은 궁궐을 불태우고 인종을 자기 집에 가두고는 왕의 자리를 넘보았어요 (이자겸의 난, 1126). 궁지에 몰린 인종은 이자겸 세력 내부의 분열을 이용하여 이자겸을 쫓아내고 난을 가까스로 진압했어요.

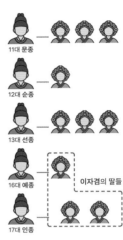

11대 문종

12대 순종

13대 선종

16대 예종

이자겸의 딸들

17대 인종

▲ 경원 이씨 가문과 혼인한 고려의 왕들

서경 천도 운동

이자겸의 난으로 궁궐은 불타 없어지고 왕실의 권위는 더욱 떨어졌어요. 그래서 인종은 왕실의 권위를 다시 높이려 했어요. 특정 문벌 세력이 정치를 좌지우지하지 않도록 하려고 새로운 세력을 뽑아서 개혁을 하려 했지요. 이때 정지상, 묘청과 같은 서경 출신 세력이 등용됐어요. 서경 출신 승려였던 묘청은 풍수지리설을 내세우며 고려의 도읍을 개경에서 서경으로 옮길 것을 건의했어요. 개경은 문벌 세력이

바르게 읽기 **1** 이 글의 내용으로 알맞은 것에 ○표, 알맞지 않은 것에 ✕표를 하세요.

(1) 고려 시대에 문벌은 높은 관직을 독차지하며 권력을 누렸다. ( )

(2) 큰 권력을 누리던 이자겸이 난을 일으켜 인종을 내쫓고 왕이 되었다. ( )

(3) 묘청 등의 세력이 도읍을 서경에서 개경으로 옮기자고 인종에게 건의했다. ( )

(4) 문신에 비해 차별 대우를 받던 고려 무신들이 정변을 일으켜 권력을 잡았다.( )

판치는 곳이니, 문벌의 힘을 약하게 하려면 도읍을 다른 곳으로 옮겨야 한다는 주장이었어요. 그러나 김부식을 비롯한 개경의 문벌 세력이 서경 천도를 강하게 반대했어요. 그러자 묘청 세력은 서경에서 반란을 일으켰어요(1135). 하지만 결국 김부식이 이끄는 관군*에게 진압되며 서경 천도 운동은 실패로 돌아갔어요. 이자겸의 난과 묘청의 서경 천도 운동은 모두 문벌의 권력 다툼이 심해진 가운데 벌어진 일로, 이후 고려 사회는 혼란스러워졌어요.

무신 정변

한편 고려의 지배층이었던 문벌에는 문신 가문이 많았어요. 고려의 관리는 크게 문신과 무신으로 나뉘었는데, 문신은 정치를 맡고 무신은 군사에 관한 일을 맡았지요. 그런데 고려 사회는 문신을 중심으로 정치가 이루어졌을 뿐 아니라 문신이 군사 지휘권까지 잡고서 무신보다 높은 관직을 차지했어요. 그리고 문신이 중심인 문벌이 권력을 독점하면서 무신에 대한 차별도 심해졌어요. 의종 때 이르러 무신에 대한 차별 대우가 더욱 심해졌고, 일부 문신은 대놓고 무신을 무시하고 조롱하기도 했어요. 결국 무신들의 분노가 폭발하였고, 정중부와 이의방을 비롯한 무신들이 정변을 일으켰어요(무신 정변, 1170). 무신들은 많은 문신을 죽이고 관직에서 쫓아냈으며, 의종도 왕의 자리에서 몰아냈어요. 이렇게 해서 무신들이 권력을 잡았고, 이후 약 100년 동안 고려는 무신 정권기가 이어지며 무신들이 권력을 휘두르게 됐어요.

〈낱말 풀이〉　**가문**　가족 또는 가까운 친척끼리 이루어진 무리.
　　　　　　관군　나라에서 만들어 정식으로 운영하는 군대.

연결하여 읽기 **2**　**다음 사건들을 일어난 순서에 맞게 번호를 쓰세요.**

(1) 이자겸이 난을 일으켰다.

(2) 묘청이 서경에서 반란을 일으켰다.

(3) 정중부와 이의방 등 무신들이 정변을 일으켰다.

(4) 서경 출신 세력이 인종에게 서경 천도를 건의했다.

(　　　) → (　　　) → (　　　) → (　　　)

자세히
읽기

3 고려 문벌 사회에 대한 설명으로 알맞은 것을 고르세요.　　　　　(　　)

① 문벌은 무신 가문이 많았다.

② 문벌은 과거를 통해서만 관직을 얻었다.

③ 문벌이 왕실과 결혼을 하는 경우는 없었다.

④ 이자겸은 경원 이씨 가문 문벌이고, 김부식은 개경의 문벌이다.

⑤ 이자겸의 난과 묘청의 서경 천도 운동 이후 고려 문벌 사회가 더욱 튼튼해졌다.

깊이
읽기

4 〈보기〉의 (가)를 읽고 인종이 (나)와 같은 선택을 한 까닭으로 알맞지 <u>않은</u> 것을 고르세요.
　　　　　　　　　　　　　　　　　　　　　　　　　　　　　(　　)

〈보기〉

(가) 개경 세력과 서경 세력의 대립

저희 집안은 대대로 벼슬을 했지요. 재상이나 장군 같은 높은 관직은 저희 집안처럼 훌륭한 집안의 후손들이 이어받아야 합니다!

개경 세력

개경의 몇몇 가문이 권력을 독차지하고 있습니다. 땅의 기운이 다한 개경을 떠나 서경으로 수도를 옮겨야 합니다!

서경 세력

(나) 인종의 선택

　묘청 등이 말하기를 "서경에 궁궐을 세우고 수도를 옮기면 나라의 혼란을 막을 수 있습니다."라고 하였다. … 인종은 서경의 땅 모양새를 보게 하고 궁궐을 새로 짓게 하였다.

- 『고려사』

---

① 왕실의 권위를 높이려고

② 문벌의 힘을 약하게 하려고

③ 문벌에 반대하는 세력과 손을 잡으려고

④ 서경 출신 세력을 새로운 문벌로 키우려고

⑤ 특정 문벌 세력이 정치를 좌지우지하지 않게 하려고

5 다음 구조도를 보며 이 글의 내용을 정리해 보고, 빈칸에 알맞은 말을 쓰세요.

흔들리는 고려 [ ] 사회

이자겸의 난 (1126)	서경 천도 운동 (1135)	[ ][ ][ ] (1170)
- 이자겸: 대표적 문벌이었던 경원 이씨 가문 출신 - 반란을 일으켰으나 실패함.	- 묘청: 서경 출신 승려 - 도읍을 개경에서 [ ]으로 옮길 것을 주장하다가, 난을 일으킴.	- 무신: [ ]으로부터 차별을 받음. - 정중부, 이의방 등 무신들이 정변을 일으키고 권력을 잡음.

6 이 글과 다음 자료를 읽고, 물음에 답하세요.

무신 정중부가 왕을 모시고 행사에 참석했을 때, 갑자기 문신 김돈중이 정중부의 턱 밑에 촛불을 들이댔습니다. 그 바람에 정중부의 수염이 타 버렸습니다. 김돈중은 김부식의 아들로, 아버지의 권력을 믿고 무신을 업신여긴 것입니다. 분노가 일었지만 참을 수밖에 없었던 정중부는 20여 년이 지나 이의방 등과 함께 (㉠)을 일으켰습니다.

(1) ㉠에 알맞은 말을 쓰세요. ㉠ _____

(2) 정중부와 이의방 등이 ㉠을 일으킨 까닭을 쓰세요.

문신에 비해 _____

02. 이후 무신 정권이 권력을 휘둘렀어요.

정답과 해설 7쪽

그림으로 만나는
개념

무신 정권

무신 정권기

1170년   1196년   1258년   1270년

무신 정변

최씨 무신 정권

| 이의방 | 정중부 | 경대승 | 이의민 | 최충헌 | 최우 | 최항 | 최의 | 김준 | 임연 | 임유무 |

중방   교정도감   정방

최충헌   최우

문장으로 다지는
어휘

무신 정권 (무사무 신하신 정치정 권세권)
1170년 무신 정변 이후 백 년간 무신들이 권력을 잡은 고려 왕조의 정권.

최씨 무신 정권
무신 정권기 중에 최충헌이 권력을 잡은 후 4대에 걸쳐 60여 년간 최씨 가문이 최고 권력자가 된 시기.

중방 (무거울중 방방)
고려 무신 정권기에 무신들이 모여 나랏일을 의논하던 회의 기구.

교정도감
(가르칠교 바로잡을정 도읍도 관청감)
고려 최씨 무신 정권 때 최충헌이 만든 통치 기구.

정방 (정치정 방방)
고려 최씨 무신 정권 때 최우가 자기 집에 설치하여 인사 행정을 담당한 기구.

1170년 무신 정변으로 [   ]이 들어선 후 최고 권력자가 자주 바뀌었어요.

⭐ 그러다 최충헌이 권력을 잡으면서 [   ]이 60여 년 동안 이어졌어요.

무신들은 **중방**에서 나랏일을 의논하다가 최충헌이 [   ]을 만들어 권력을 휘둘렀어요.

최충헌의 아들 최우는 [   ]을 만들어 관리를 뽑는 인사권을 휘둘렀어요.

농민과 천민의 봉기

(배경)	1176년	1193년	1198년
무신들의 수탈	**망이·망소이의 난**	**김사미·효심의 난**	**만적의 난**

백성의 땅을 빼앗고 세금을 늘림	공주 명학소에서 망이·망소이 형제가 봉기함	경상도 지역에서 김사미와 효심이 농민을 이끌고 봉기함	개경에서 노비 만적이 신분 해방을 주장함

무신들의 수탈
(- 거둘수 빼앗을탈)
무신들이 백성에게 강제로 땅을 빼앗거나 많은 세금을 거두어들임.

망이·망소이의 난
고려 1176년에 특수 행정 구역이었던 공주 명학소에서 망이와 망소이 형제가 늘어난 세금과 차별 대우에 항의하며 일으킨 난.

김사미·효심의 난
고려 1193년에 경상도 운문(청도)에서 일어난 김사미와 경상도 초전(울산)에서 일어난 효심이 함께 정부군에 맞서다 진압된 난.

만적의 난
고려 1198년에 개경에서 최충헌의 노비였던 만적이 신분 해방을 외치며 들고 일어났으나 사전에 들통나 실패한 난.

무신 정권이 들어선 이후 **무신들의** [　　] 로 백성의 고통이 더욱 커졌어요.

심한 수탈을 견디다 못해 공주에서 [　　]·[　　] 형제가 들고일어났어요.

이어 경상도 지역에서 [　　]와 [　　]이 들고일어났어요.

★ 이어 개경에서 노비였던 [　　]이 신분 해방을 외치며 들고일어났어요.

무신 정권이 권력을 휘둘렀어요.

▼ 다음 글을 읽고 물음에 답하세요.

무신 정권

고려 사회는 한동안 몇몇 문벌이 정치를 좌지우지했어요. 그러다 1170년에 무신 정변이 일어나고 이후 백 년 동안 무신들이 권력을 잡게 됐지요. 무신들은 왕을 허수아비로 삼고 나라를 쥐락펴락했어요.

무신들은 처음에 회의 기구인 중방을 중심으로 나라의 중요한 일을 결정했어요. 하지만 권력을 잡은 무신들은 서로 자기가 최고 권력자가 되려고 심한 권력 다툼을 벌였어요. 정중부가 이의방을 죽이고 권력을 잡았지만, 다시 경대승이 정중부를 죽이는 등 최고 권력자가 자주 바뀌었어요. 이의민과 같이 신분이 낮은 사람이 최고 권력자가 되기도 했어요. 이러한 정치적 혼란은 최충헌이 이의민을 없애고 권력을 잡을 때까지 계속 이어졌어요.

최씨 무신 정권

최충헌이 권력을 잡은 뒤로 60여 년 동안은 최씨 가문이 무신 정권을 이끌었어요. 최충헌의 아들 최우, 최우의 아들 최항, 최항의 아들 최의가 대를 물려 가면서 권력을 휘둘렀어요. 최충헌은 교정도감이라는 강력한 통치 기구를 만들어 국가의 중요한 정책을 그곳에서 결정했어요. 최우는 자신의 집에 정방을 만들어 관리를 임명하는 인사권*을 손에 쥐었지요. 또한 삼별초라는 특수 부대까지 만들어 자신들의 권력을 지키려 했어요. 최씨 무신 정권이 이어지는 동안 최씨들은 왕을 여러 명 갈아 치우는 등 정치를 마음대로 주물렀어요.

농민과 천민의 봉기

무신 정권기에 백성의 생활은 더욱 어려워졌어요. 새로 권력을 잡은 무신들이 백성의 땅을 빼앗아 자기 것으로 삼고, 세금을 많이 거두어 자기 재산을 늘렸기 때문이에요. 문벌 아래에서 땅을 빼앗기는 등 힘든 생활을 하던 농민들은 무신에게

바르게 읽기

1 이 글의 내용으로 알맞은 것에 ○표, 알맞지 않은 것에 ✕표를 하세요.

(1) 무신 정권 초기에 무신들은 권력 다툼을 벌였다.　　　　　　　(　　)

(2) 최충헌이 60여 년 동안 혼자서 최씨 무신 정권을 이끌었다.　　(　　)

(3) 무신 정권 시기에 전국 곳곳에서 농민과 천민들이 들고일어났다.　(　　)

(4) 무신들이 권력을 잡은 후 정치가 안정되고 백성의 생활이 나아졌다.　(　　)

걸었던 기대가 무너졌어요. 뿐만 아니라 이의민과 같은 천민* 출신 무신 집권자가 나타나면서 농민과 천민들은 그동안 굳건하다고 여겼던 신분 제도를 깨부술 수 있다고 생각하게 됐어요.

이러한 상황에서 농민과 천민이 전국 곳곳에서 난을 일으켰어요. 농민인 망이·망소이 형제가 특수 행정 구역인 공주 명학소에서 일반 군현보다 못한 차별 대우에 반발하여 봉기했어요(1176). 김사미와 효심은 경상도에서 지방 관리의 수탈에 맞서 농민을 이끌고 난을 일으켰어요(1193). 최충헌의 노비였던 만적은 신분 해방을 외치며 개경에서 봉기했지만(1198) 미리 들통나 실패했어요. 농민과 천민의 저항은 성공을 거두지는 못했어요. 하지만 당시 백성들의 사회의식*이 높아지면서 신분 질서가 흔들리고 있었음을 보여 줘요.

▲ 무신 정권기 농민과 천민의 봉기

〈낱말 풀이〉　**인사권** 사람을 뽑고 그만두게 하고 평가하는 인사 문제를 다루는 권한.
　　　　　　　삼별초 최씨 무신 정권 때 최우가 만든 사병(권세를 가진 개인이 길러서 부리는 병사) 조직.
　　　　　　　천민 신분이 낮고 천한 백성. 고려 시대에 천민은 노비, 광대, 뱃사공 같은 사람이었음.
　　　　　　　봉기 벌떼처럼 떼 지어 세차게 일어남.
　　　　　　　사회의식 개인이 속한 집단이나 사회가 공통적으로 하는 생각.

연결하여
읽기　**2**　**다음 무신 집권자와 관련된 내용을 알맞게 선으로 연결하세요.**

(1) 최우　　　•　　　　　　　　• ㉠ 교정도감을 만듦.

(2) 이의민　•　　　　　　　　• ㉡ 천민 출신의 무신 집권자임.

(3) 정중부　•　　　　　　　　• ㉢ 이의방을 죽이고 권력을 잡음.

(4) 최충헌　•　　　　　　　　• ㉣ 정방을 만들고 삼별초를 만듦.

3 무신 정권기에 일어난 일로 알맞지 <u>않은</u> 것을 고르세요. (   )

① 천민 출신으로 최고 집권자가 된 무신도 있었다.

② 무신들이 백성의 땅을 빼앗거나 세금을 많이 거두었다.

③ 무신 지배층의 수탈에 맞서 농민과 천민이 봉기하여 성공했다.

④ 무신 정권 초기에 중방을 중심으로 나라의 중요한 일을 결정했다.

⑤ 최충헌이 이의민을 없애고 권력을 잡은 이후 최씨 무신 정권이 이어졌다.

4 이 글과 〈보기〉를 읽고, 최씨 무신 정권에 대한 설명으로 알맞은 것을 고르세요. (   )

─────────────── 〈보기〉 ───────────────

무신 정권 집권자와 통치 기구

무신 집권자	이의방	정중부	경대승	이의민	최충헌	최우	최항	최의	김준	임연	임유무
	1170	1174	1179	1183	1196	1219		1249	1257	1258	1268	1270
최고 통치 기구	중방			교정도감		교정도감·정방

최충헌과 최우

- 최충헌의 권력이 왕을 뛰어넘고 힘이 온 나라에 떨치게 되었다. 최충헌은 자신
  의 뜻을 거스르는 사람이라면 보는 대로 죽였으므로 다들 입을 다물고 말하지
  않았다.
  　　　　　　　　　　　　　　　　　　　　　　　　　　　　 - 『고려사』
- 최우가 자기 집에 정방을 만들어 놓고 모든 관리의 인사 문제를 처리했다.
  　　　　　　　　　　　　　　　　　　　　　　　　　　　　 - 『고려사절요』

① 최충헌이 왕의 자리에 올라 권력을 휘둘렀다.

② 최충헌은 중방이라는 강력한 통치 기구를 만들었다.

③ 최씨 무신 정권은 최충헌이 권력을 잡은 뒤로 100년간 이어졌다.

④ 최우는 정방을 만들어 관리들의 인사권을 손에 쥐고 권력을 휘둘렀다.

⑤ 최씨 무신 정권기에 이의방, 정중부, 경대승이 심한 권력 다툼을 벌였다.

구조로
정리하기 **5** **다음 구조도를 보며 이 글의 내용을 정리해 보고, 빈칸에 알맞은 말을 쓰세요.**

무신 정권	농민과 천민의 봉기

<최씨 무신 정권>

무신 정변(1170) 이후
무신들의 권력 다툼이 벌어짐.

↓

[   ]이 권력을 잡음.

↓

최씨 무신 정권이
60여 년간 권력을 휘두름.

<회의 기구>
중방 → 교정도감 → 교정도감 · 정방

- 망이 · 망소이 형제의 난: 특별 행정 구역에 대한 차별에 반발하여 공주 [   ]에서 봉기함.

- 김사미와 효심의 난: 지방 관리의 수탈에 맞서 경상도에서 봉기함.

- 만적의 난: 최충헌의 [   ]였던 만적이 신분 해방을 외치며 개경에서 봉기함.

서술형
쓰기 **6** **이 글과 다음 지도를 보고, 물음에 답하세요.**

(1) 만적이 봉기한 지역을 지도에서 찾아 ◯ 표 하세요.

(2) 만적은 무엇을 외치며 난을 일으켰는지 쓰세요.

만적은
- -

- -

그림으로 만나는
개념

거란의 침입과 격퇴

─── 1차 침입 ───

(배경)
친송 정책

거란의 침입

993년
서희의 외교 담판

고려가 송과 가깝게 지내고
거란을 멀리함

송과 대립하던 거란이
고려에 쳐들어옴

서희가 담판을 벌여
강동 6주를 얻어 냄

문장으로 다지는
어휘

송
10세기부터 13세기까지 중국에 있던 나라. 당나라가 망한 뒤 나뉘어 있던 중국을 다시 통일함.

거란(요)
10세기 초부터 12세기 초까지 약 200년간 만주와 중국 대륙 북쪽을 지배하던 나라.

서희의 외교 담판
(- 말씀담 판단할판)
거란의 1차 침입 때 고려 장수 서희가 거란 장수 소손녕과 맞서고 있던 외교 문제의 옳고 그름을 가린 회의.

강동 6주
(강강 동쪽동 - 고을주)
고려 시대 압록강 하류 동쪽에 있던 6개의 행정 지역. 옛 고구려 영토로, 서희의 외교로 전쟁 없이 고려가 얻음.

고려는 건국 초에 중국의 [ ] 과 가깝게 지내고 거란은 멀리했어요.

★ 그러자 송과 대립하던 [ ] 이 고려에 쳐들어왔어요.

거란의 **1차** 침입 때 **서희**가 거란의 장수 소손녕과 [ ] 을 벌였어요.

서희는 송과 관계를 끊기로 약속하며 거란으로부터 [ ] 를 확보했어요.

┌ 2차 침입 ┐   ┌ 3차 침입 ┐

1010년   1011년   1018년   1019년   (전쟁 후)

양규의 활약   **강감찬의 귀주 대첩**   **천리장성 축조**

개경이 공격받는 어려움
속에서 거란군을 물리침

강감찬이 귀주에서
거란군을 크게 이김

북방 민족의
침입에 대비함

양규	**강감찬**	**귀주 대첩** (- 클대 이길첩)	**천리장성**
고려의 장군. 거란의 2차 침입 때 홍화진에서 거란군을 막아 내고, 물러나던 거란군을 크게 이김.	고려의 장군. 거란의 3차 침입 때 뛰어난 작전으로 귀주 대첩을 승리로 이끎.	거란의 3차 침입 때인 1019년, 고려에 침입한 거란군을 귀주(평안북도 구성)에서 크게 물리친 싸움.	(일천천 마을리 길장 성성) 고려 시대에 북방 민족의 침입을 막기 위해 쌓은 성. 길이가 약 1,000리에 이를 정도로 긴 성이라는 뜻임.

하지만 고려와 송이 계속 가깝게 지내자 거란이 **2차**로 쳐들어왔어요.

거란의 2차 침입에 맞서 **양규** 등이 활약하여 거란군을 물리쳤어요.

★ 이어진 **3차** 침입에서는 **강감찬**이 [　　　　]으로 거란군을 물리쳤어요.

이후 고려는 북쪽에 [　　　　]을 쌓아 북방 민족의 침입에 대비했어요.

고려는 거란의 침입을 막아 냈어요.

▼ 다음 글을 읽고 물음에 답하세요.

고려는 건국 후 다른 나라와 여러 번 전쟁을 치러야 했어요. 당시 고려를 둘러싼 나라들이 자꾸 바뀌면서 관계가 복잡하게 얽혔기 때문이에요. 고려가 후삼국을 통일하고 나서 60여 년이 지났을 때, 고려는 거란과 전쟁을 하게 됐어요.

거란의 침입

10세기 무렵 중국 북쪽에서는 거란이 일어나 발해를 멸망시키며 세력을 넓혔고, 중국에서는 송나라가 세워졌어요. 고려는 고구려의 옛 땅에 세워졌던 발해를 멸망시킨 거란을 멀리하고, 송과는 친하게 지냈어요. 그러자 송을 무너뜨리고 중국 전체를 차지하려던 거란이 송을 공격하기 전에 고려가 송을 돕지 못하게 하고자 고려로 쳐들어왔어요. 거란은 993년부터 1019년까지 약 30년에 걸쳐서 세 차례나 고려를 침입했어요.

서희의 외교 담판

거란의 1차 침입 때 고려는 큰 싸움 없이 서희의 외교 담판으로 거란군을 물리칠 수 있었어요. 고려의 장수 서희가 거란의 침입 의도를 알아차리고는, 송과 관계를 끊고 거란과 외교 관계를 맺겠다고 약속했기 때문이에요. 그 결과 고려는 그 지역에 살고 있던 여진을 몰아내고 '강동 6주'를 얻었어요. 강동은 강의 동쪽, 즉 압록강의 동쪽을 말하고 6주는 흥화진, 용주, 철주 등의 여섯 개 마을을 뜻해요. 이로써 고려는 압록강까지 영토를 넓힐 수 있었지요.

그러나 고려가 약속과 달리 송과 관계를 끊지 않고 계속 교류하자 거란은 다시 쳐들어왔어요(2차 침입, 1010). 이때 고려는 도읍인 개경까지 공격을 받는 등 어려움을 겪었어요. 하지만 양규 등이 활약하여 거란군을 물리쳤지요. 그러나 그 뒤에도 고려의 태도가 달라지지 않자 거란이 또다시 쳐들어왔어요(3차 침입, 1018).

바르게 읽기 **1** **이 글의 내용으로 알맞은 것에 ○표, 알맞지 않은 것에 ×표를 하세요.**

(1) 고려는 건국 초 송을 멀리하고 거란과 친하게 지냈다. ( )

(2) 거란의 1차 침입 때 고려는 큰 싸움 없이 강동 6주를 확보했다. ( )

(3) 거란의 2차 침입 때 강감찬이 귀주에서 거란군을 크게 무찔렀다. ( )

(4) 고려는 거란과의 전쟁 이후 천리장성을 쌓아 북방 민족의 침입에 대비했다. ( )

세 번째 침입 때는 강감찬이 이끄는 고려군이 귀주에서 거란군을 크게 무찔렀어요(귀주 대첩, 1019). 귀주는 서희의 담판으로 얻은 강동 6주 중의 하나로, 고려군은 철수하는 거란군에게 화살을 퍼부었고 거란의 10만 군사 중에 살아 돌아간 자가 수천 명밖에 되지 않았을 만큼 큰 승리를 거두었어요.

고려가 거란의 공격을 모두 물리친 이후 두 나라는 화친*을 맺으면서 서로 싸우지 않기로 했고, 거란은 다시는 고려를 침략하지 않았어요. 고려, 거란, 송 세 나라 사이에 세력 균형이 이루어지며 한동안 평화로운 상태를 유지할 수 있었지요.

그러면서도 고려는 개경 주변에 나성*을 쌓고, 압록강 하구*에서부터 동해안까지 국경 지역에 천리장성을 쌓아서 북방 민족의 침입에 대비했어요.

▲ 거란의 침입과 고려의 격퇴

〈낱말 풀이〉　**화친**　나라와 나라 사이에 다툼 없이 가까이 지냄.
　　　　　　나성　성 밖에 겹으로 둘러쌓은 성.
　　　　　　하구　강물이 바다로 흘러 들어가는 부분의 첫머리.

연결하여
읽기
2　**다음 사건들을 일어난 순서에 맞게 번호를 쓰세요.**

(1) 고려가 개경 주변에 나성을 쌓았다.

(2) 서희가 외교 담판으로 강동 6주를 확보했다.

(3) 거란이 고려와 송의 관계를 끊고자 고려를 1차로 침입했다.

(4) 개경이 공격받는 어려움 속에서 양규 등이 활약해 거란군을 물리쳤다.

(　　　) → (　　　) → (　　　) → (　　　)

3 다음 그림과 거란의 침입에 대한 설명으로 알맞지 <u>않은</u> 것을 고르세요. (　　　)

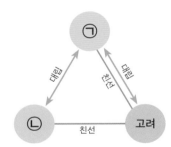

▲ 10~11세기 고려와 주변 나라의 관계

① ㉠은 거란이다.

② ㉡은 송나라이다.

③ 고려가 송과 친하게 지내자 거란이 쳐들어왔다.

④ 거란은 송과 힘을 합쳐 고려를 무너뜨리려 했다.

⑤ 거란은 약 30년에 걸쳐 세 차례 고려를 침입했다.

4 이 글과 〈보기〉를 읽고, 서희의 외교 담판에 대한 설명으로 알맞지 <u>않은</u> 것을 고르세요.

(　　　)

〈보기〉

서희의 외교 담판

소손녕(거란): 고려는 옛 신라의 땅에서 세워졌고, 고구려의 옛 땅은 우리 땅이다. 왜 거란의 것인 고구려 옛 땅을 넘보는가?

서희(고려): 그렇지 않다. 우리가 바로 고구려의 후계자이다. 그래서 나라 이름도 고려라고 하였다. 오히려 당신들이 고구려의 옛 땅에 살고 있으니 고려에 땅을 돌려주어야 한다.

소손녕: 또 고려는 거란과 국경을 맞대고 있으면서 어찌 바다 건너 송을 섬기는가? 우리와 국교*를 맺어야 무사할 것이다.

서희: 여진이 거란으로 가는 길목을 막고 있어서 거란과 교류하기가 어려웠다. 만약 여진을 몰아내고 여진이 차지하고 있는 고구려의 옛 땅을 고려가 되찾을 수 있도록 거란이 도와준다면 거란과 국교를 맺을 것이다.

* **국교** 나라와 나라 사이에 정치적·문화적·경제적 관계를 맺는 일.

① 거란의 1차 침입 때 있었던 일이다.

② 서희는 외교 담판으로 강동 6주를 확보했다.

③ 외교 담판으로 큰 싸움 없이 고려가 거란을 물리칠 수 있었다.

④ 서희는 송과 관계를 끊고 거란과 외교 관계를 맺겠다고 약속했다.

⑤ 외교 담판으로 고려는 압록강 동쪽의 거란을 몰아내고 영토를 늘릴 수 있었다.

5 다음 구조도를 보며 이 글의 내용을 정리해 보고, 빈칸에 알맞은 말을 쓰세요.

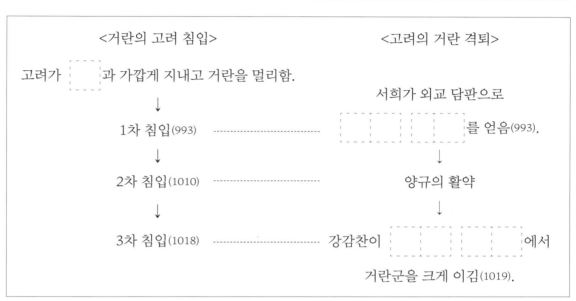

┌───┐
│　　　　　　　　[ＸＸＸ]의 침입과 고려의 격퇴　　　　　　　　│
└───┘

┌───┐
│　　　＜거란의 고려 침입＞　　　　　　　＜고려의 거란 격퇴＞　│
│　　　　　　　　　　　　　　　　　　　　　　　　　　　　　　　│
│　고려가 [　　]과 가깝게 지내고 거란을 멀리함.　　　　　　　│
│　　　　　　　　　　　　　　　서희가 외교 담판으로　　　　　│
│　　　　　　↓　　　　　　　　　　　　　　　　　　　　　　　　│
│　1차 침입(993) ------------------- [　　　　]를 얻음(993).│
│　　　　　　↓　　　　　　　　　　　　　　↓　　　　　　　　　│
│　2차 침입(1010) ----------------- 양규의 활약　　　　　　│
│　　　　　　↓　　　　　　　　　　　　　　↓　　　　　　　　　│
│　3차 침입(1018) ----------------- 강감찬이 [　　　　]에서 │
│　　　　　　　　　　　　　　　　거란군을 크게 이김(1019).　│
└───┘

6 이 글과 다음 지도를 보고, 물음에 답하세요.

(1) 천리장성을 지도에서 찾아 ◯표 하세요.

(2) 고려가 천리장성을 쌓은 목적을 쓰세요.

　　고려가 국경 지역에 천리장성을 쌓은 것은

　　　　　　　　　　　　　　　　　　　　　　　　위해서입니다.

　　---

04. 이어서 고려는 여진을 정벌하려 했어요.

정답과 해설 9쪽

그림으로 만나는
개념

고려의 여진 정벌

(배경)	1104~1107년		1109년
여진의 세력 확장	**여진 정벌**	**동북 9성 축조**	**동북 9성 반환**

여진이 힘이 세지며 고려와 자주 부딪힘	윤관이 별무반을 만들어 여진 정벌에 나섬	여진이 살던 동북 지역에 9성을 쌓음	동북 9성을 여진에게 다시 돌려줌

문장으로 다지는
어휘

여진
만주 동북쪽에 살던 민족. 삼국 시대에는 말갈, 고려 시대에는 여진, 조선 후기에는 만주족이라고 불림.

윤관
고려 시대의 장군. 특수 부대인 별무반을 만든 뒤 여진을 정벌하고 동북 지역에 9성을 쌓음.

별무반 (나눌**별** 무사**무** 조직**반**)
고려 때 윤관이 조직한 군대. 말 타는 병사 부대인 신기군, 걸어서 이동하며 공격하는 부대인 신보군, 승려 부대인 항마군의 세 부대로 이루어짐.

동북 9성
(동쪽**동** 북쪽**북** -성**성**)
고려 시대에 윤관이 여진족을 물리친 뒤 동북 지역에 세운 9개의 성.

⭐ 고려를 부모의 나라로 섬기던 [   ]은 세력이 커지면서 고려와 자주 충돌했어요.

이에 고려 장수 **윤관**이 [   ]을 만들어 **여진 정벌**에 나섰어요.

그리고 여진을 공격하고 차지한 [   ] 지역에 [   ]을 쌓고 고려 땅으로 삼았어요.

하지만 여진이 이 땅을 돌려 달라며 계속 요구하자 동북 9성을 **반환**했어요.

금(여진)과의 사대 관계

1115년
여진의 금 건국

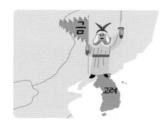

세력이 더욱 커진 여진이
금을 세움

금의 군신 관계 요구

금이 고려에게 자기 나라를
임금처럼 섬기라고 강요함

1126년
금의 사대 요구를
받아들임

이자겸 등이 금의 요구를
받아들여 금을 섬기게 됨

금
여진이 만주 지역에 세운 나라.
12세기 초부터 13세기 초까지
만주 지역을 지배했으며, 거란을
멸망시키고 중국 본토의 북쪽 지
방을 차지하며 송을 몰아냄.

군신 관계
(임금군 신하신 -)
신하가 임금을 받들
듯이 받들어 섬기는
관계.

이자겸
고려 시대에 딸들을 예종, 인종과
결혼시키고 권력을 휘두른 사람.
정권 안정을 위해 신하들의 반대
를 무릅쓰고 금의 사대 요구를 받
아들임.

사대
(섬길사 클대)
약한 무리가 강한 무
리를 받들어 섬김.

그 후 여진은 세력이 더욱 커져 [   ]을 세웠어요.

 금은 고려에 [관 계]를 강요했어요.

당시 권력을 잡고 있던 [   ]은 금과의 충돌을 피하고자 했어요.

결국 고려는 금의 **사대** 요구를 받아들이고 금을 섬기게 되었어요.

고려는 여진을 정벌하려 했어요.

▼ 다음 글을 읽고 물음에 답하세요.

**여진의
세력 확장**

고려의 북동쪽 지역에 흩어져 살던 여진은 특산물을 바치며 고려를 부모의 나라로 섬겨 왔어요. 그런데 12세기 무렵 여진이 부족을 통합하여 나날이 힘을 키우기 시작하면서 고려 국경을 자주 쳐들어왔어요. 그러자 고려는 여진을 정벌하기로 했어요.

윤관의 별무반

고려는 여진의 힘을 꺾어 놓아야겠다고 생각하고 1104년에 여진을 먼저 공격했어요. 하지만 고려는 여진의 강력한 기병* 부대를 이기지 못하고 여러 차례 패했어요. 이에 고려의 총사령관 윤관이 기병 중심인 여진을 이기려면 고려도 기병을 길러야 한다고 건의했어요. 고려는 윤관의 건의를 받아들여 별무반이라는 특별 부대를 만들었지요. 별무반은 기병인 신기군, 보병인 신보군, 승려 부대인 항마군으로 이뤄졌어요.

동북 9성

1107년 윤관은 별무반을 이끌고 다시 여진 정벌에 나섰고 마침내 여진을 물리쳤어요. 그 뒤 여진족이 살던 동북 지역에 9개의 성을 쌓아 고려의 영토로 삼았어요. 이곳을 동북 9성이라고 해요. 그런데 여진이 동북 9성 지역의 땅을 되돌려 달라고 하면서 국경을 자주 침입해 왔어요. 고려는 여진의 계속된 공격에 9성을 지키기 어려워지자 국경을 침범하지 않겠다는 약속을 받고 1년여 만에 동북 9성을 돌려줬어요(1109).

▲ 척경입비도 윤관이 9성을 개척한 뒤 '고려의 땅'이라는 글이 적힌 비석을 세우는 모습을 담았다.

바르게
읽기

1 이 글의 내용으로 알맞은 것에 ○표, 알맞지 않은 것에 ×표를 하세요.

(1) 12세기 무렵 세력이 강해진 여진이 고려에 자주 쳐들어왔다. ( )

(2) 고려의 여진 첫 정벌에서 고려가 여진의 기병 부대에 여러 번 이겼다. ( )

(3) 윤관은 별무반을 만들어 다시 정벌에 나섰지만 여진을 물리치지 못했다. ( )

(4) 고려는 동북 9성을 여진에게 돌려주었고, 그 뒤에 금과 사대 관계를 맺었다.

( )

　그 뒤 세력을 키운 여진은 나라를 세우고 나라 이름을 '금'이라고 했어요. 금은 고려와 전쟁을 했던 거란(요)을 멸망시키고, 송나라까지 남쪽으로 몰아냈어요. 금은 나라를 세우면서 고려에게 형제 관계[*]를 맺자고 했다가 한걸음 더 나아가 군신 관계를 맺자고 강요했어요. 군신 관계는 약한 나라가 강한 나라를 임금처럼 받들어 섬기는 관계를 말해요. 즉, 금은 고려에게 자신들을 사대하라고 요구한 거예요. 그러자 고려의 신하들끼리 논쟁이 벌어졌어요. 많은 신하들이 금의 요구를 받아들이면 안 된다고 주장했어요.

　하지만 당시 권력을 잡고 있던 이자겸 등은 강력한 군사력을 지닌 금과의 전쟁을 피하고 정권을 안정시키려고 했기에 여러 신하들의 반대에도 불구하고 금의 사대 요구를 받아들였어요(1126). 한편 금의 요구를 받아들인 이자겸이 권력을 완전히 장악하기 위해 난을 일으켰고, 묘청 등은 금의 사대 요구에 반대하고 금을 정벌해야 한다면서 서경에서 반란을 일으켰어요. 그러나 이자겸과 묘청이 일으킨 반란은 모두 실패로 끝났어요.

〈낱말 풀이〉　**기병**　말을 타고 싸우는 병사.

　　　　　　　보병　무기를 들고 발로 뛰어다니며 싸우는 병사.

　　　　　　　형제 관계　강한 나라가 형, 약한 나라가 동생이 되어 지내는 관계. 동생 나라가 형 나라를 받들거나 하지 않으므로 군신 관계에 비해 비교적 평등한 관계임.

연결하여 읽기 2　**다음 사건들을 일어난 순서에 맞게 번호를 쓰세요.**

(1) 윤관이 여진을 정벌하여 동북 9성을 쌓았다.

(2) 금을 세운 여진은 고려에 군신 관계를 맺자고 강요했다.

(3) 이자겸 등이 금의 요구를 받아들여 금과 사대 관계를 맺었다.

(4) 여진이 부족을 통합하여 힘을 키우면서 고려 국경을 자주 쳐들어왔다.

(　　　) → (　　　) → (　　　) → (　　　)

3 여진(금)에 대한 설명으로 알맞은 것을 고르세요. ( )

① 여진은 보병 부대가 강력했다.

② 힘이 강해진 여진은 송나라를 세웠다.

③ 여진은 고려에게 동북 9성을 돌려받았다.

④ 여진(금)은 고려와 군신 관계를 맺어 고려를 받들어 섬기겠다고 했다.

⑤ 여진이 고려의 북동쪽에 흩어져 살 때부터 여진은 고려를 업신여기며 자주 공격했다.

4 이 글과 〈보기〉를 읽고, 여진(금)의 세력 변화와 고려의 대응에 대한 설명으로 알맞지 <u>않은</u>
것을 고르세요. ( )

─────────── 〈보기〉 ───────────

여진(금)의 세력 변화와 고려의 대응

현종 2년(1011)

동북 여진의 추장 조을두가 무리 70명을 이끌고 와서 말가죽 등 여진의 특산물을 고려 왕에게 바쳤다. - 『고려사』

예종 12년(1117)

금에서 다음과 같은 편지를 보냈다. "고려 왕은 우리와 형제 관계를 맺고 좋은 관계가 되길 바란다." - 『고려사』

인종 4년(1126)

이자겸 등이 말하였다. "금이 나날이 강해지고 있습니다. 우리와는 서로 국경이 맞닿아 있어서 섬기지 않을 수 없는 상황입니다." - 『고려사』

① 현종 2년에 여진은 고려를 부모의 나라로 섬겼다.

② 예종 12년에 금은 고려에 형제 관계를 맺자고 했다.

③ 이자겸 등은 금의 사대 요구를 받아들여야 한다고 주장했다.

④ 이자겸 등은 신하들의 의견에 따라 금의 사대 요구를 받아들이지 않았다.

⑤ 금은 고려에게 형제 관계를 맺자고 했다가 더 나아가 자기 나라를 임금처럼 섬기라고
   요구했다.

5 **다음 구조도를 보며 이 글의 내용을 정리해 보고, 빈칸에 알맞은 말을 쓰세요.**

고려의
☐☐ 정벌

> 여진이 힘을 키우면서 고려 국경을 자주 쳐들어옴.
> ↓
> 고려가 여진 정벌에 나섰으나 여러 차례 패함(1104).
> ↓
> ☐☐ 이 별무반을 이끌고 다시 여진 정벌에 나섬(1107).
> ↓
> ☐☐☐ 을 쌓아 고려의 영토로 삼음.
> ↓
> 동북 9성을 여진에게 반환함(1109).

금(여진)과
사대 관계

> 여진이 ☐☐ 을 세우고 고려에게 군신 관계를 요구함.
> ↓
> 이자겸 등이 금의 요구를 받아들임(1126).

6 **이 글과 다음 자료를 읽고, 물음에 답하세요.**

(1) 윤관이 만든 특별 부대의 이름을 쓰세요.

- -

> 여진은 말을 타고 싸우는데 우리는 뛰어다니면서 싸우니 이길 수가 없습니다. 그러니 우리도 특별 부대를 만들어야 합니다.

(2) 윤관이 특별 부대를 만든 까닭을 쓰세요.

고려는 여진의 강력한 기병 부대를 이기지 못하고 패했습니다. 그래서

- -

필요가 있었기 때문입니다.

- -

고려

(배경)

① ☐ ☐ **사회**

고려의 지배 세력 중 한 부류로,
대대로 높은 벼슬에 오른 집안.

② ☐ ☐ **중심 정치**

문과 출신의 신하. 고려 시대 때
문벌을 이루어 높은 벼슬자리를 차지함.

거란과 고려

├─── 1차 침입 ───┤   ├─── 3차 침입 ───┤

993년   1018년   1019년   (전쟁 후)

거란의
침입

서희의 ① ☐ ☐ ☐

고려 장수 서희가 거란 장수 소손녕과 맞서고
있던 외교 문제의 옳고 그름을 가린 회의.

② ☐ ☐

고려에 침입한 거란군을
귀주에서 크게 물리친 싸움.

③ ☐ ☐ ☐ **축조**

고려 시대에 북방 민족의 침입을
막기 위해 쌓은 성.

여진과 고려

1104~1107년   1107년

① ☐ ☐ **정벌**

만주 동북쪽에 살던 민족으로,
12세기 무렵 힘을 키워 '금'을 세움.

② ☐ ☐ ☐ **축조**

윤관이 여진족을 물리친 뒤
동북 지역에 세운 9개의 성.

1126년

③ ☐☐☐의 난

고려 시대에 딸들을 예종, 인종과
결혼시키고, 권력을 휘두른 사람.

1135년

서경 천도 운동

1170년

④ ☐☐☐

무신들이 일으킨 정변.

1170년~1270년

무신 정권기

무신 정권

최씨 무신 정권

1170년 1176년 1196년 1198년 1258년 1270년

망이·망소이의 난

⑤ ☐☐의 난

최충헌의 노비로, 신분 해방을
외치며 난을 일으킴.

1126년

금의 사대 요구를
받아들임

탐구 주제 1 인종은 왜 서경 세력과 손잡으려 했을까?

〈자료 1〉 고려 문벌 사회

고려 시대에 문벌은 대대로 높은 관직을 독차지하며 권력을 누렸습니다. 대표적 문벌이 었던 경원 이씨 가문의 이자겸은 반란을 일으키고 왕의 자리를 넘보았습니다. 인종은 가까 스로 난을 진압했지만, 왕실의 권위는 떨어졌습니다. 그러자 인종은 왕권을 강화하고 특정 문벌 세력이 권력을 휘두르지 않도록 새로운 세력을 뽑아 개혁하려 했습니다. 이때 등용된 묘청 등 서경 출신 세력은 고려의 도읍을 서경으로 옮기자고 했습니다. 하지만 김부식 등 개경의 문벌 세력은 강하게 반대했습니다.

〈자료 2〉 서경 천도를 둘러싼 입장

서경은 풍수지리에서 말하는 좋은 땅이오. 이곳에 궁궐을 세우고 수도를 옮겨 금을 정벌해야 하오. 그러면 금이 항복할 것이오!

서경파 묘청   개경파 김부식

올해 여름에 서경의 궁궐에 벼락이 쳤는데, 어찌 기운이 좋은 땅이란 말이오? 또한 금의 힘이 세졌는데 어떻게 항복을 받는단 말인가.

1 〈자료 1〉과 〈자료 2〉를 보고, 다음 표의 ㉠ ~ ㉣에 알맞은 말을 찾아 쓰세요.

	서경 세력	개경 세력
중심 인물	(㉠)	(㉡)
수도에 대한 주장	(㉢) 천도	개경 유지
금에 대한 정책	금을 (㉣)해야 함.	금을 정벌할 수 없음.

2 인종이 서경 세력과 손잡으려 한 까닭이 무엇인지 다음 핵심어를 모두 넣어 쓰세요.

문벌의 힘이 세지니 결국 이자겸의 난이 일어났어. … 서경 세력과 손을 잡아야겠어!

핵심어 (왕권) (문벌)

무신 정권기에 농민과 천민이 봉기한 까닭은 무엇일까?

〈자료 1〉 무신 정변 이후 고려 사회의 변화

왕이 있었지만 무신 집권자가 국가의 주요 정책을 결정했습니다.

무신 집권자들이 백성의 땅을 강제로 빼앗고, 세금을 많이 거두었습니다.

하층민 출신의 최고 권력자가 나타나면서 신분제가 흔들렸습니다.

〈자료 2〉 무신 정권기의 인물

나는 경주 사람이다. 아버지는 소금 장수였고 어머니는 절의 여종이었다. (㉠) 정변 때 내가 큰 역할을 하여 무신이 정권을 잡았고, 경대승이 죽은 후에는 내가 최고 권력자가 되었다.

이의민

(㉡) 이후 높은 관직을 얻은 천민이 많이 나왔다. 장군과 재상이 어찌 타고난 씨가 따로 있겠는가? 때만 만나면 누구나 될 수 있는 것이다. 우리 같은 (㉢)는 왜 뼈 빠지게 일만 하고 채찍 아래서 힘들게 살아야 하는가.

노비 만적

1 〈자료 1〉과 〈자료 2〉를 보고, ㉠ ~ ㉢에 알맞은 말을 보기에서 골라 쓰세요.

보기 (귀족) (노비) (무신) (문신) (무신 정변) (신분제)

㉠ (   ) ㉡ (   ) ㉢ (   )

2 무신 정권기에 농민과 천민의 봉기가 일어난 까닭을 다음 핵심어를 모두 넣어 두 문장으로 쓰세요.

핵심어 첫째: (수탈) (백성의 생활) / 둘째: (하층민 출신) (신분제)

첫째, _____

둘째, _____

고려는 거란의 침입에 맞서 어떻게 외교 담판을 벌였을까?

〈자료 1〉 **거란과 고려의 외교 담판**

> 우리가 고구려의 후계자이다. 그래서 나라 이름도 고려라고 했다. 오히려 당신들이 고구려의 옛 땅에 살고 있으니 고려에 땅을 돌려줘야 한다.

서희

소손녕

> 고려는 거란과 국경을 맞대고 있으면서 어찌 바다 건너 송을 섬기는가? 우리와 국교를 맺어야 무사할 것이다.

> 여진이 거란으로 가는 길목을 막고 있어서 거란과 교류하기가 어려웠다. 만약 여진을 몰아내고 여진이 차지하고 있는 고구려의 옛 땅을 고려가 되찾을 수 있도록 거란이 도와준다면 거란과 국교를 맺을 것이다.

서희

〈자료 2〉 **외교 담판 이후**

외교 담판 후 거란의 왕은 고려에 '거란으로 가는 길목인 압록강 동쪽 280리 지역을 고려에 돌려주겠다.'고 약속했습니다. 이로써 고려는 큰 싸움 없이 강동 6주를 확보해 압록강까지 영토를 넓히게 되었습니다.

---

1 〈자료 1〉을 보고 지도의 빈칸에 알맞은 북방 민족 이름과 지역 이름을 쓰세요.

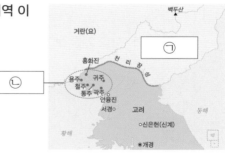

㉠ (   )

㉡ (   )

---

2 외교 담판의 결과 고려는 어떤 것을 얻게 되었는지 다음 핵심어를 모두 넣어 쓰세요.

핵심어 (강동 6주) (압록강)

외교 담판으로 고려는

- -

- -

탐구 주제 4 고려는 여진(금)의 세력 변화에 어떻게 대응했을까?

<자료 1> **여진(금)의 세력 변화**

현종 2년 (1011)
1011년 5월 여진의 추장이 무리 70명을 이끌고 와서 말가죽 등 여진의 특산물을 바쳤다. 이에 고려가 여진에게 옷과 은그릇을 답례로 주었다. - 『고려사』

예종 12년 (1117)
금에서 다음과 같은 편지를 보냈다. "형인 금 황제가 동생인 고려 왕에게 글을 보낸다. 고려 왕은 우리와 형제 관계를 맺길 바란다." - 『고려사』

인종 4년 (1126)
이자겸 등이 말했다. "금(여진)이 요(거란)와 송을 망하게 했고 점점 강해지고 있습니다. 또 우리와는 국경이 맞닿아 있어서 섬기지 않을 수 없습니다." - 『고려사』

<자료 2> **고려의 대응**

12세기 초 무렵 여진이 고려 국경을 자주 쳐들어왔습니다. 그래서 1107년(예종 2년) 고려의 윤관이 별무반을 이끌고 여진 정벌에 나서서 여진을 물리쳤습니다. 이후 여진이 금나라를 세우고 고려에 형제 관계에 이어 군신 관계를 맺자고 요구했습니다. 이자겸 등은 금의 사대 요구를 받아들였습니다.

1 〈자료 1〉과 〈자료 2〉를 보고, 다음 표의 ㉠과 ㉡에 알맞은 말을 찾아 쓰세요.

시기	현종 2년	예종 2년	예종 12년	인종 4년
여진의 세력 변화	고려에 (㉠) 을 바침.	고려 국경을 자주 쳐들어옴.	고려에게 (㉡) 관계를 맺자고 함.	고려에게 군신 관계를 맺자고 함.
고려의 대응		(가)		(나)

2 1번 표의 (가)와 (나)에 알맞은 고려의 대응을 다음 핵심어를 모두 넣어 쓰세요.

문장 형식 (가): (윤관) (여진 정벌) / (나): (이자겸) (사대 요구)

(가) --

(나) --

어떤 나라들이 고려에 쳐들어왔을까요?

고려는 나라가 이어지는 474년 내내 주변 여러 나라의 침략을 받았어요.
고려는 주변 나라의 침략을 물리치고 끝까지 맞서 싸워 한반도를 지켜 냈어요.

10~11세기에 거란이 세 차례나 쳐들어왔어요.

거란은 오랫동안 나라의 모습을 갖추지 못한 채 만주 지역에서 여러 부족으로 갈라져 살다가 중국의 당이 약해진 틈을 타 나라를 세웠어요. 거란은 발해를 멸망시키고, 중국 북쪽의 땅을 모두 차지하며 세력을 키워 나갔어요. 나라 이름을 '요'로 바꾼 뒤에는 만주 지역을 비롯해 중국 북쪽까지 지배하게 되었지요. 고려를 세 차례나 침입한 거란은 금과 송의 공격을 받아 멸망했어요.

12세기에는 여진과 싸워야 했어요.

여진은 오랫동안 만주 지역에서 살았던 민족이에요. 삼국 시대에는 말갈, 고려 시대에는 여진, 조선 후기에는 만주족이라고 불렸지요. 1115년에 여러 부족을 통일해 '금'을 세웠다가 1234년에 몽골에 멸망했어요. 이후 여진은 다시 세력을 키워 1616년에 이웃 부족을 통합하여 '후금'을 세웠어요. 후금은 1636년에 나라 이름을 '청'으로 바꾸고 조선을 침략하기도 했어요.

13세기에 몽골이 여섯 차례나 쳐들어왔어요.

몽골은 1206년에 칭기즈 칸이 몽골족을 통일하고 세운 나라예요. 칭기즈 칸은 금을 멸망시키고 중앙아시아를 정복한 뒤, 유럽까지 진출해 세계 역사상 가장 큰 제국을 이루었어요. 칭기즈 칸의 손자인 쿠빌라이 칸 때는 나라 이름을 '원'이라 바꾸고 중국 대륙을 지배했어요. 고려를 약 30년 동안 여섯 차례나 침입한 몽골(원)은 1368년에 명의 공격을 받고 멸망했어요.

14세기에는 홍건적과 왜구가 괴롭혔어요.

홍건적은 중국에서 원의 지배에 맞서 일어난 도적 무리예요. 머리에 붉은 수건을 둘렀다고 해서 홍건적이라고 불렸는데, 원 군대에 쫓겨 고려에 쳐들어왔어요. 두 차례에 걸친 홍건적의 침입에 왕이 피난을 가야 할 정도였어요.

왜구는 일본에 근거를 둔 해적을 말해요. 왜구는 우리나라의 바닷가 마을에 쳐들어와 사람을 해치고 곡식을 빼앗아 가곤 했어요. 고려 말에 사회가 혼란한 틈을 타 왜구가 강화도까지 올라왔고, 왕이 살고 있는 개경까지 넘보았어요.

그림으로 만나는
개념

몽골의 침입과 고려의 항쟁

(배경)		1231년	1232년
몽골의 세력 확대	**몽골 사신 피살**	**몽골의 침입**	**강화도 천도**

| 힘이 강해진 몽골이 고려에 공물을 요구함 | 고려에 온 몽골 사신이 죽임을 당함 | 몽골이 고려에 쳐들어옴 | 전쟁에 유리한 강화도로 도읍을 옮김 |

문장으로 다지는
어휘

몽골
1206년에 칭기즈 칸이 몽골족을 통일하고 세운 나라. 쿠빌라이 칸이 이끌 때는 나라 이름을 '원'이라 바꾸고 인류 역사상 가장 큰 제국을 이룸.

몽골 사신 (- 부릴사 신하신)
몽골에서 보낸 사신(임금이나 나라의 명령을 받아 다른 나라에 임무를 띠고 가는 신하).

강화도
오늘날 인천광역시 강화군에 속한 섬. 예부터 군사적으로 중요한 장소로 여겨짐.

13세기에 막강한 힘을 키운 [＿＿＿＿]은 고려와 갈등을 빚었어요.

이러한 상황에서 고려에 왔던 **몽골** [＿＿＿＿]이 돌아가는 길에 죽임을 당했어요.

그러자 몽골은 이 사건을 구실로 **고려**를 **침입**했고, 결국 강화를 맺었어요.

 이후 최씨 무신 정권은 몽골과의 싸움에 대비해 전쟁에 유리한 [＿＿＿＿＿]로 도읍을 옮겼어요.

1259년 (원 건국 1271년)

고려 백성의 항쟁   몽골과 강화   1270년 개경 환도   1273년 삼별초 진압

계속된 몽골의 침입에 고려군과 백성이 맞서 싸움

전쟁을 멈추기로 약속함

강화도에서 개경으로 다시 돌아옴

끝까지 싸우던 삼별초가 진압됨

항쟁 (겨룰항 다툴쟁)
맞서 싸움.

강화 (화해할강 화해할화)
싸움을 하던 두 편이 싸움을 멈추고 서로 약속을 맺어 평화로운 상태가 됨.

개경
'개성'의 옛 이름. 고려 태조 왕건이 왕위에 오른 이듬해에 궁궐을 새로 지어 도읍지로 정한 곳임.

삼별초 (석삼 나눌별 뽑을초)
고려 무신 정권 때 만들어진 특수 부대. 최씨 무신 정권을 지키는 일을 했는데, 몽골에 항복한 고려 정부에 불만을 품고 끝까지 싸움.

⭐ 이후 계속된 몽골의 침입에 김윤후를 비롯해 고려군과 백성이 끈질기게 [　　　]했어요.

하지만 오랜 전쟁에 최씨 무신 정권까지 무너지며 고려는 몽골과 [　　　]를 맺었어요.

몽골과 강화를 맺은 고려 정부는 [　　　]으로 다시 돌아왔어요.

끝까지 싸우던 [　　　]가 진압되면서 오랜 기간에 걸친 몽골과의 전쟁이 끝났어요.

고려는 오랜 기간 몽골의 침입에 맞서 싸웠어요.

▼ 다음 글을 읽고 물음에 답하세요.

몽골의 침입

고려에 무신 정권이 들어선 지 60여 년이 되었을 무렵, 고려는 큰 위기를 맞았어요. 몽골이 쳐들어온 거예요. 13세기에 몽골은 강한 군사력을 바탕으로 세력을 넓혀 대제국*이 되었어요. 몽골은 고려에 많은 공물*을 바치라고 요구하며 고려를 괴롭혔어요. 그리고 이 무렵 고려에 공물을 요구하러 왔던 몽골 사신이 돌아가던 길에 죽는 일이 벌어졌어요. 그러자 몽골은 이 일을 구실로 고려에 쳐들어왔어요(1231). 몽골군의 공격에 고려의 여러 성은 순식간에 무너졌어요. 고려는 피해를 줄이려고 일단 몽골과 싸우지 않겠다는 강화를 맺었어요.

몽골군이 철수한 뒤, 몽골이 고려의 일에 간섭하자 최씨 무신 정권은 몽골과 끝까지 싸우기로 했어요. 그래서 도읍을 개경에서 몽골과의 싸움에 유리한 강화도로 옮겼어요(1232). 강화도는 개경과 가까웠고, 주변 물살이 거세 몽골군이 쉽게 침입하기 어려운 곳이었어요. 이에 더해 최씨 무신 정권은 백성들에게 섬이나 산성에 들어가 몽골군의 침입에 대비하도록 하기도 했어요.

백성의 항쟁

고려가 강하게 나오자 몽골군은 다시 고려에 쳐들어왔고, 고려군과 백성은 맞서 싸웠어요. 처인성에서는 김윤후*가 백성을 이끌고 몽골군 대장 살리타를 죽였어요. 김윤후는 충주성에서도 노비를 이끌고 몽골군을 물리쳤어요. 하지만 이후에도 몽골은 여러 차례 고려를 침략했고 고려군과 백성은 있는 힘을 다해 맞서 싸웠어요.

그럼에도 전쟁이 길어지면서 나라는 황폐해졌어요. 많은 사람이 죽거나 다쳤고 몽골에 끌려간 사람도 많았어요. 경주 황룡사 9층 목탑을 비롯한 수많은 문화유산이 불타 없어졌지요.

바르게 읽기

1 이 글의 내용으로 알맞은 것에 ○표, 알맞지 않은 것에 ✕표를 하세요.

(1) 몽골은 여러 차례 고려를 쳐들어왔다. ( )

(2) 몽골이 고려에 공물을 바치라고 요구하며 고려를 괴롭혔다. ( )

(3) 몽골군과의 전투에서 고려군과 백성은 몽골군에게 매번 패했다. ( )

(4) 고려 정부가 몽골과 강화를 맺자마자 삼별초는 곧바로 항복했다. ( )

이런 와중에도 최씨 무신 정권은 사치를 일삼아 백성뿐 아니라 다른 지배층의 불만을 샀어요. 결국 전쟁을 끌고 가던 최씨 무신 정권이 무너지면서 고려는 몽골과 강화를 맺었어요(1259). 이후 고려 정부는 몽골의 요구에 따라 다시 개경으로 돌아왔어요(1270).

하지만 삼별초는 개경으로 도읍을 옮기는 것에 반대하며 끝까지 몽골군과 싸웠어요. 삼별초는 처음에 최씨 무신 정권이 자신들을 지키기 위해 만든 사병 부대였는데, 몽골과의 전쟁에서 많은 공을 세웠어요. 이들은 강화도에서 진도, 제주도로 옮겨 가며 싸웠지만 결국 고려 정부와 몽골 연합군에게 진압됐고(1273), 이로써 몽골과의 오랜 전쟁이 끝이 났어요.

▲ 몽골의 침입과 고려의 항쟁

〈낱말 풀이〉 **대제국** 황제가 다스리면서 영토가 매우 넓은 나라.
공물 힘이 약한 나라가 힘이 강한 나라에 바치는 물건.
김윤후 몽골 침입에 맞서 싸운 고려의 승려. 처인성 전투에서 몽골군 대장을 화살로 쏘아 죽임.
사병 권세를 가진 개인이 따로 길러서 부리는 병사.

연결하여 읽기 **2** **다음 사건들을 일어난 순서에 맞게 번호를 쓰세요.**

(1) 고려 정부가 개경으로 다시 돌아왔다.
(2) 고려가 몽골과의 싸움에 유리한 강화도로 도읍을 옮겼다.
(3) 최씨 무신 정권이 무너지고 몽골과 고려가 강화를 맺었다.
(4) 몽골 사신이 죽는 일이 벌어지자 이를 구실로 몽골이 고려에 침입했다.

(　　　) → (　　　) → (　　　) → (　　　)

3 몽골과 고려에 대한 설명으로 알맞은 것을 고르세요.　　　　　　　　　　　(　　)

① 몽골은 고려에 한 번 침입했다.

② 충주성 전투에서 몽골군이 이겼다.

③ 고려는 몽골에 공물을 바치라고 요구했다.

④ 고려를 침입할 당시 몽골은 세력이 약했다.

⑤ 고려는 몽골과 강화를 맺은 후 개경으로 도읍을 다시 옮겼다.

4 이 글과 〈보기〉를 읽고, 몽골 침입에 맞선 고려의 대응에 대한 설명으로 알맞지 <u>않은</u> 것을 고르세요.　　　　　　　　　　　(　　)

〈보기〉

백성과 함께 몽골군에 맞선 김윤후

　　승려였던 김윤후는 몽골이 침입하자 백성과 힘을 합해 싸웠습니다. 김윤후는 충주성 전투에서 백성의 힘을 북돋우기 위해 전쟁에 공을 세우는 사람에게 신분에 상관없이 벼슬을 줄 것을 약속하며 노비 문서를 불태우기도 했습니다. 그래서 노비들도 힘을 합쳐 몽골군에 맞서 싸웠습니다.

강화도에서 지배층의 모습

　최우가 강화도의 자신의 집에서 잔치를 열었다. 비단으로 산 모양을 만들어 늘어뜨리고 가운데에 비단 꽃으로 꾸민 그네를 매어 두었다. 광대에게도 비단을 주니 그 비용이 엄청났다.

- 『고려사절요』

---

① 최씨 무신 정권은 백성의 지지를 얻었다.

② 최씨 무신 정권은 도읍을 개경에서 강화도로 옮겼다.

③ 당시 권력을 잡고 있던 최씨 무신 정권은 사치를 일삼았다.

④ 김윤후는 백성을 이끌고 처인성에서 몽골군 대장 살리타를 죽였다.

⑤ 노비까지 힘을 합쳐 백성들은 몽골군에 맞섰고, 몽골군을 물리치기도 했다.

5 다음 구조도를 보며 이 글의 내용을 정리해 보고, 빈칸에 알맞은 말을 쓰세요.

| |의
침입과
고려의 항쟁

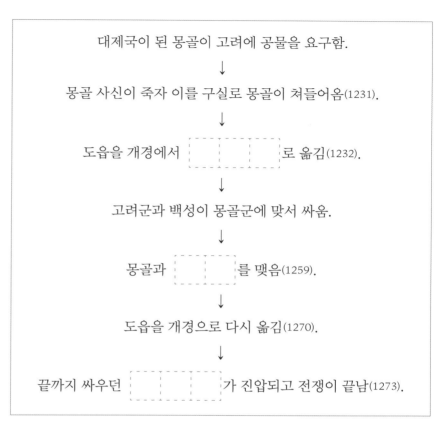

대제국이 된 몽골이 고려에 공물을 요구함.

↓

몽골 사신이 죽자 이를 구실로 몽골이 쳐들어옴(1231).

↓

도읍을 개경에서 [   ]로 옮김(1232).

↓

고려군과 백성이 몽골군에 맞서 싸움.

↓

몽골과 [   ]를 맺음(1259).

↓

도읍을 개경으로 다시 옮김(1270).

↓

끝까지 싸우던 [   ]가 진압되고 전쟁이 끝남(1273).

6 이 글과 다음 지도를 보고, 물음에 답하세요.

(1) 몽골 침입 때 고려가 어디에서 어디로 도읍을
옮겼는지 지도에 ➝표 하세요.

개경

강화도 궁궐

(2) 고려가 위와 같이 도읍을 옮긴 까닭을 쓰세요.

_____

_____ 곳이었기 때문입니다.

_____

02. 이후 고려는 원(몽골)의 간섭을 받게 됐어요.

정답과 해설 12쪽

원(몽골)의 내정 간섭

영토 일부 지배

고려 영토의 일부를
원이 직접 다스림

정동행성 설치

고려의 내정 간섭에
정동행성을 이용함

원 황실과 혼인

고려 왕이
원 황실의 사위가 됨

공물을 바침

고려의 특산물과 사람을
원에 바침

원
몽골의 쿠빌라이 칸이 1271년에 세운 나라. 13세기 중반부터 14세기 중반까지 힘을 떨침.

내정 간섭
(안내 정치정 -)
남의 나라 정치에 부당하게 끼어들거나 힘으로 억눌러 그 나라 권리를 해치는 일.

정동행성
(정벌할정 동쪽동 행할행 관청성)
고려 후기에 원이 고려에 두었던 관청. 일본 정벌을 위해 만들었지만 나중에는 고려의 내정 간섭에 이용함.

공물
(바칠공 물건물)
힘이 약한 나라가 힘이 강한 나라에 바치는 물건.

⭐ 나라 이름을 [　]으로 바꾼 몽골은 고려와 강화를 맺은 이후 고려에 간섭하기 시작했어요.

원은 고려를 [　][간][섭]하면서 고려 영토의 일부를 직접 다스렸어요.

원은 고려에 [　]을 설치하고 내정 간섭을 하는 데 이용했어요.

고려 왕은 원 황실의 사위가 되어야 했고 고려는 원에 [　]을 바쳐야 했어요.

몽골(원)과의 긴 전쟁이 끝난 뒤
고려는 원으로부터 정치적 간섭을 받게 됐고
원을 등에 업은 세력이 새 지배층이 되어 횡포를 부렸어요.

권문세족의 성장

권문세족의 등장

원과 가까운 친원 세력이
권문세족이 되어 권력을 누림

권문세족의 횡포

토지를 빼앗아 농장을 만들고   마음대로 높은 관직을
백성을 노비로 만들어 일하게 함   차지함

권문세족
(권세**권** 가문**문** 권세**세** 무리**족**)
고려 후기에 나타난 정치 세력. 벼슬이 높고 권세가 있는 집안이라는 뜻으로, 대부분 원에 기대어 권력을 누림.

친원 세력
(친할**친** 원나라**원** -)
원과 친한 세력.

농장 (농사**농** 논밭**장**)
큰 규모의 농업용 토지. 권문세족은 불법적으로 남의 토지를 빼앗아 대규모의 농장을 운영함.

관직 (벼슬자리**관** 벼슬**직**)
국가 기관에서 나라의 통치와 운영을 담당하는 일이나 역할.

⭐ 원의 간섭으로 왕권이 약해지고 [   ]이 새로운 지배 세력으로 등장했어요.

권문세족은 원과 가까운 [   ] 세 력 으로, 원의 세력을 등에 업고 권력을 누렸어요.

권문세족은 남의 토지와 노비를 빼앗아 자기 [   ]을 꾸리며 횡포를 부렸어요.

권문세족은 마음대로 높은 [   ]을 차지하며 횡포를 부렸어요.

고려는 원(몽골)의 간섭을 받게 됐어요.

▼ 다음 글을 읽고 물음에 답하세요.

**원의
내정 간섭**

고려는 대제국을 세워 힘을 떨치던 몽골의 침입을 막아 냈고, 오랜 전쟁을 견뎌 냈어요. 하지만 이후 약 백 년 동안 몽골의 간섭과 지배를 받아야 했어요.

13세기 후반에 나라 이름을 '원'이라고 바꾼 몽골은 고려의 정치에 간섭하기 시작했어요. 원은 고려의 제도와 풍속은 인정하면서도 고려에 정치적으로 압력을 가하려 했어요. 고려에 원의 관리를 보냈고, 화주에 쌍성총관부, 서경에 동녕부, 탐라(제주도)에 탐라총관부를 두고 고려의 영토 일부를 직접 다스렸어요. 또한 정동행성을 내정 간섭에 이용했어요. 정동행성은 원이 일본을 정벌할 목적으로 고려에 설치해 둔 관청인데, 일본 정벌에 필요한 사람과 물건을 공급하게 했어요. 원은 일본 침략에 실패한 후에도 이것을 그대로 두고 고려의 정치를 간섭하는 데 이용했어요.

▲ 원 간섭기에 원이 직접 다스린 지역

그뿐만 아니라 고려의 왕은 원의 공주와 혼인하여 원 황실의 사위가 되었어요. 고려 왕실의 지위가 낮아졌고, 왕실의 호칭과 관직 이름도 원보다 낮추어 부르게 됐지요. 경제적인 수탈도 심했어요. 금, 은, 인삼, 매 같은 고려의 특산물을 원에 바쳐야 했고, 젊은 여자까지 공녀로 보내야 했어요.

**바르게
읽기**

1 이 글의 내용으로 알맞은 것에 ○표, 알맞지 않은 것에 ×표를 하세요.

(1) 원은 고려 영토 일부를 직접 다스렸다. ( )

(2) 권문세족은 원의 세력을 등에 업고 권력을 누렸다. ( )

(3) 권문세족은 원 간섭기에 백성과 나라를 위해 힘썼다. ( )

(4) 원(몽골)과의 전쟁 후 고려는 원에게 간섭을 받지 않았다. ( )

고려에 대한 원의 간섭이 점차 심해지자 고려에서는 원의 세력에 기대어 권력을 누리는 사람들이 나타났어요. 몽골의 침입을 도운 사람, 원의 지배층과 혼인한 가문, 몽골어를 잘하는 사람, 왕을 따라 원에 다녀온 사람 등이 높은 지위에 올랐고 권세를 누렸지요. 원과 가까운 친원 세력은 기존에 권력을 잡고 있던 문벌*이나 무신 출신 관리와 함께 새로운 지배층으로 성장했고, 이들을 권문세족이라고 해요.

원 간섭기에 권문세족은 원의 세력을 등에 업고 높은 벼슬자리를 독차지했어요. 그리고 음서*를 이용해 자손들에게 권력을 물려주었어요. 또한 다른 사람의 토지와 노비를 함부로 빼앗아 불법적으로 넓은 농장을 운영했어요. 농장의 규모가 커져서 더 많은 노동력이 필요해지자 가난한 백성을 농장에 숨겨 두고 농사를 짓게 하거나 노비로 만들기도 했어요. 권문세족의 이러한 횡포* 때문에 많은 농민이 농장의 노비가 되었고 백성의 삶은 점점 어려워졌어요. 세금을 낼 백성이 줄어들자 나라 살림도 어려워졌어요. 이를 바로잡기 위해 충선왕, 충목왕 등이 개혁을 시도했으나 원의 간섭과 권문세족의 반대로 이루어지지 못했어요.

〈낱말 풀이〉 **공녀** 작은 나라가 큰 나라의 요구에 따라 바치던 여자. 공물로 바치는 여자라는 뜻.
문벌 고려의 지배 세력 중 한 부류로, 여러 대에 걸쳐 높은 벼슬자리에 오른 집안과 그 집안의 사람.
음서 고려 시대에 국가에 공을 세운 사람의 자식들이 과거를 거치지 않고 관리로 뽑히던 일.
횡포 제멋대로 굴며 몹시 난폭함.

연결하여
읽기

2

원이 고려에 간섭한 방법과 내용이 알맞게 선으로 연결하세요.

(1) 공물 •　　　　• ㉠ 고려의 왕이 원 황실의 사위가 됨.

(2) 혼인 •　　　　• ㉡ 고려의 특산물과 공녀를 바치게 함.

(3) 정동행성 •　　　　• ㉢ 고려의 영토 일부를 다스리는 데 이용함.

(4) 쌍성총관부 •　　　　• ㉣ 일본 정벌 목적으로 설치한 것이었지만, 고려 정치 간섭에도 이용함.

3 원의 간섭에 대한 설명으로 알맞은 것을 고르세요.   (   )

① 탐라에 쌍성총관부를 뒀다.

② 원이 고려 영토 전부를 직접 다스렸다.

③ 원의 황제와 고려의 공주를 혼인시켰다.

④ 일본 정벌에 실패한 후 정동행성을 없앴다.

⑤ 특산물과 함께 공녀까지 원에 바치도록 했다.

4 이 글과 〈보기〉를 읽고, 권문세족에 대한 설명으로 알맞지 <u>않은</u> 것을 고르세요. (   )

─────── 〈보기〉 ───────

원 간섭기의 권문세족

어흠, 내 여동생은 원나라에 공녀로 갔다가 원 황제와 결혼한 기황후라고! 왕도 무서울 것 없어. 남의 땅을 빼앗아 농장을 만들고, 전국 관청에 모조리 내 사람을 심어 두었지.	난 충렬왕이 몽골에 있을 때 매와 사냥개로 총애를 얻었지. 고려에 와서는 사냥용 매를 기르고 훈련시키는 응방을 관리했어. 사람들은 내가 권세를 믿고 나쁜 짓을 한다고 수군대더군.	몽골어를 배워서 여러 번 원에 사신으로 가 통역을 잘했더니 충렬왕이 날 아꼈지. 이후 높은 관직에도 오르고 딸이 왕비가 되어 온 집안이 큰 권세를 누렸다네.

기철

윤수

조인규

① 원의 황실과 연결된 사람이 많았다.

② 높은 관직에 오르는 경우는 드물었다.

③ 사냥용 매를 관리하던 응방을 기반으로 출세한 사람도 있었다.

④ 몽골어 실력이 뛰어난 사람들은 이를 바탕으로 출세할 수 있었다.

⑤ 이들의 횡포가 심해 백성의 생활이 힘들어지고 나라 살림까지 어려워졌다.

5 다음 구조도를 보며 이 글의 내용을 정리해 보고, 빈칸에 알맞은 말을 쓰세요.

원 간섭기의 고려

원의 내정 간섭	☐☐☐☐의 성장
- 원이 쌍성총관부 등을 두고 고려의 영토 일부를 직접 다스림. - 원이 ☐☐☐☐을 내정 간섭에 이용함. - 고려의 왕이 원의 공주와 혼인함. - 고려의 특산물과 젊은 여자 등을 원에게 ☐☐로 바침.	- 원과 가까운 친원 세력이 새로운 지배층으로 성장함. - 권문세족의 횡포 : 높은 벼슬자리를 독차지하고 권력을 누림. : 다른 사람의 토지와 노비를 함부로 빼앗아 ☐☐을 운영함.

6 이 글과 다음 지도를 보고, 물음에 답하세요.

(1) 지도에서 다음 지역을 각각 찾아 ▨▨▨ 표 하세요.

- 쌍성총관부를 둔 지역
- 동녕부를 둔 지역
- 탐라총관부를 둔 지역

(2) 위 지역을 원이 고려에 둔 까닭을 쓰세요.

원은 화주에 쌍성총관부, 서경에 동녕부, 탐라에 탐라총관부를 두었습니다. 그 까닭은

- -

- -

03. 이에 맞서 고려는 개혁 정치를 펼쳤어요.

정답과 해설 13쪽

그림으로 만나는
개념

공민왕의 반원 정책

친원 세력 제거	정동행성 축소	쌍성총관부 공격	몽골풍 금지

공민왕			
원과 친한 세력을 없앰	원의 내정 간섭을 막음	원에게 빼앗겼던 땅을 되찾음	고려 풍습을 되살리려 함

문장으로 다지는
어휘

공민왕
고려 31대 왕. 고려 후기 원의 간섭에서 벗어나 고려를 다시 일으키려고 개혁 정치를 펼침.

정동행성
(정벌할정 동쪽동 행할행 관청성)
원이 고려에 두었던 관청. 일본 정벌을 위해 만들었지만 나중에는 고려의 내정 간섭에 이용함.

쌍성총관부 (두쌍 성성 모두 총 주관할관 관청부)
원이 고려 동북부 지역을 지배하기 위해 함경도 화주 지역에 설치했던 통치 기구.

몽골풍 (- 풍속풍)
원 간섭기에 고려에서 유행한 몽골의 풍습.

★ ⬚⬚⬚은 원의 간섭에서 벗어나 고려의 자주성을 되찾기 위해 반원 정책을 폈어요.

공민왕은 먼저 친원 세력을 없애고 ⬚⬚⬚⬚을 축소했어요.

그리고 ⬚⬚⬚⬚를 공격해 원에 빼앗겼던 땅을 되찾았어요.

또한 ⬚⬚⬚을 금지하고 고려의 풍습을 되살리려 했어요.

고려를 간섭하던 원이 약해지자
공민왕은 원의 간섭에서 벗어나기 위한 개혁 정책을 펴고
안으로도 개혁을 시행하고자 했어요.

공민왕의 내정 개혁

전민변정도감 설치

신돈

신돈을 등용하여 권문세족이 빼앗은
토지를 주인에게 돌려주고
억울하게 노비가 된 사람을 풀어 줌

성균관 정비

개혁을 뒷받침할
새 정치 세력을 키움

개혁의 중단

권문세족이 반발함

내정 개혁
(안내 정치정 고칠개
고칠혁)
나라 안 정치를 새
롭게 뜯어고침.

전민변정도감 (밭전 백성민
분별할변 바를정 도읍도 관청감)
억울하게 땅을 빼앗기거나 노
비가 된 백성을 바르게 분별하
기 위해 세운 임시 관청.

성균관
(이룰성 고를균 집관)
고려 말 최고의 교육 기관. '국
자감'을 고려 충선왕 때 성균
관으로 이름을 바꾸어 부름.

권문세족
(권세권 가문문 권세세 무리족)
고려 후기에 나타난 정치 세력.
벼슬이 높고 권세가 있는 집안
이라는 뜻으로, 대부분 원에 기
대어 권력을 누림.

공민왕은 원의 간섭을 물리치면서 동시에 [　][　] 개 혁 을 이루고자 했어요.

⭐ 공민왕은 신돈을 등용하여 [　　　　　]을 설치하고 개혁을 시행했어요.

또, 개혁을 뒷받침할 새 정치 세력을 키우기 위해 [　　　]을 정비했어요.

하지만 [　　　　]의 반발에 부딪혔고 공민왕이 죽으면서 개혁은 중단됐어요.

고려는 개혁 정치를 펼쳤어요.

▼ 다음 글을 읽고 물음에 답하세요.

고려는 몽골(원)과 강화를 맺은 후 1270년에 개경으로 도읍을 다시 옮기고 나서 약 백 년 동안 원의 간섭을 받았어요. 이 시기에는 원의 세력을 등에 업고 권력을 누리던 권문세족이 새로운 지배층으로 성장하기도 했지요. 그러다 14세기 중반에 이르러 원나라의 세력이 약해지기 시작했어요. 중국 한족 농민들이 홍건적의 난을 일으키는 등 각지에서 반란이 일어나며 원이 혼란에 빠졌기 때문이에요.

공민왕의 반원 개혁

이즈음에 왕의 자리에 오른 고려의 공민왕은 원의 세력이 약해지는 상황을 기회로 여겨 원의 간섭에서 벗어나기 위한 반원* 정책을 펼쳤어요. 먼저, 공민왕은 원의 힘을 믿고 권력을 휘두르던 기철* 등의 친원 세력을 제거했어요. 또한 고려 정치에 원이 간섭하는 통로였던 정동행성을 축소하는 한편, 원이 철령 북쪽을 다스리기 위해 설치한 쌍성총관부를 공격하여 원에 빼앗겼던 땅을 되찾았어요. 나아가 원의 간섭으로 격이 낮아졌던 왕실과 관직의 이름도 다시 원래대로 되돌렸어요. 또한 당시에 변발*과 같은 몽골풍이 유행했는데, 이를 금지하는 등 고려 풍습을 되살리려고 했지요. 이후 중국에서 명이 건국되자, 원과의 관계를 단절하고 명과 외교 관계를 맺어 새로운 국제 질서에 대응했어요.

▲ 공민왕 때 되찾거나 확장한 영토

바르게 읽기

1 이 글의 내용으로 알맞은 것에 ○표, 알맞지 않은 것에 ✕표를 하세요.

(1) 14세기 중반에 원의 세력이 점점 더 강해졌다. (   )

(2) 공민왕은 원의 간섭에서 벗어나기 위한 정책을 폈다. (   )

(3) 공민왕은 정동행성을 축소하고 쌍성총관부를 공격했다. (   )

(4) 공민왕의 개혁은 백성뿐 아니라 권문세족에게도 환영받았다. (   )

공민왕은 밖으로는 원의 간섭을 물리치면서 안으로는 권문세족의 세력을 누르고 왕권을 강화하기 위해 내정 개혁을 추진했어요. 공민왕은 내정 개혁을 도울 새로운 인물로 승려 신돈*을 등용하고, 신돈의 건의에 따라 전민변정도감을 설치했어요. '전민변정'이란 땅과 백성의 소속을 바로잡는다는 뜻이에요. 이곳에서는 권문세족이 멋대로 빼앗은 토지와 노비를 원래 주인에게 돌려주고, 억울하게 노비가 된 사람을 풀어 주는 일을 했어요. 이에 더해 공민왕은 개혁을 뒷받침할 세력을 기르고자 유학을 교육하던 최고 교육 기관인 성균관을 새롭게 정비했어요.

공민왕의 개혁은 백성들에게 환영받았어요. 하지만 원 간섭기 내내 권력을 누리던 권문세족들은 거세게 반발했지요. 이후 신돈이 처형*당하고, 얼마 지나지 않아 공민왕마저 신하들에게 살해당하며 공민왕의 개혁은 중단되었어요.

〈낱말 풀이〉 **반원** 원나라에 반대함.
기철 고려 후기의 정치인. 원나라 순제의 황후였던 기황후의 친정 오빠로, 원의 세력을 등에 업고 권력을 누리고 횡포를 부림.
변발 앞부분만 깎고 뒷부분은 땋아 늘인 머리 모양. 옛 몽골의 풍습임.
신돈 고려 말에 공민왕을 도와 개혁 정치를 펼친 승려.
처형 죄지은 사람의 목숨을 끊음.

연결하여
읽기 **2** **공민왕의 개혁 정치와 내용을 알맞게 선으로 연결하세요.**

(1) 성균관 정비 •   • ㉠ 고려 풍습을 되살림.

(2) 원의 풍습 금지 •   • ㉡ 원에 빼앗겼던 땅을 되찾음.

(3) 쌍성총관부 공격 •   • ㉢ 개혁을 뒷받침할 세력을 키움.

(4) 전민변정도감 설치 •   • ㉣ 땅과 백성의 소속을 바로잡음.

자세히
읽기

3 공민왕의 개혁 정치에 대한 설명으로 알맞지 <u>않은</u> 것을 고르세요.   (   )

① 왕실과 관직 이름의 격을 낮추었다.

② 권력을 휘두르던 친원 세력을 제거했다.

③ 원의 세력이 약해진 틈을 타 개혁을 추진했다.

④ 원이 고려 정치에 간섭하던 통로였던 정동행성을 축소했다.

⑤ 권문세족의 세력을 약화하려 했기 때문에 권문세족이 반발했다.

깊이
읽기

4 이 글과 〈보기〉를 읽고, ㉠ ~ ㉢에 알맞은 말끼리 짝지어진 것을 고르세요.   (   )

〈보기〉

(가) 공민왕은 권문세족이 서로 혼인으로 얽혀 있고, 새로운 세력은 힘이 약해 개혁을 추진하지 못한다고 생각하였다. … 왕은 (㉠   )이 앎을 깨치고 욕심이 적으며 신분이 낮아 권세 있는 무리와 친하지 않으니 큰일을 맡겨도 주변을 돌아보지 않고 마음껏 추진할 수 있을 것이라고 생각했다. -『고려사』

(나) 백성이 농사를 지어 온 땅을 (㉡   )에게 거의 다 빼앗겼다. 돌려주라고 판결한 것도 그대로 가지며 백성을 노비로 삼고 있다. … 이제 (㉢   )을 두어 고치려고 하니, 잘못을 알고 스스로 고치는 자는 죄를 묻지 않겠다. -『고려사』

	㉠	㉡	㉢
①	신돈	원	정동행성
②	승려	원	전민변정도감
③	신돈	친원 세력	쌍성총관부
④	신돈	권문세족	전민변정도감
⑤	공민왕	권문세족	전민변정도감

구조로 정리하기

5 다음 구조도를 보며 이 글의 내용을 정리해 보고, 빈칸에 알맞은 말을 쓰세요.

공민왕의 개혁 정치

☐☐☐의 반원 개혁	공민왕의 내정 개혁
- 원의 세력이 약해지는 틈을 타 원의 간섭에서 벗어나고자 함. : ☐☐ 세력 제거 : 정동행성 축소 : 쌍성총관부 공격 : 왕실과 관직의 이름 회복 : 몽골풍 금지	- 원 간섭기에 권력을 누리던 ☐☐☐의 세력을 약화하려 함. : 신돈 등용 : ☐☐☐☐ 설치 : 성균관 정비

서술형 쓰기

6 이 글과 다음 지도를 보고, 물음에 답하세요.

(1) 원이 철령 북쪽을 다스리기 위해 설치한 곳을 지도에서 찾아 ◯표 하세요.

(2) 공민왕이 쌍성총관부를 공격하여 어떤 성과를 이루었는지 쓰세요.

공민왕이 쌍성총관부를 공격하여

- -

- -

04. 하지만 새 정치 세력이 성장하며 고려는 무너졌어요.

새로운 정치 세력의 성장

신진 사대부

성리학을 바탕으로
고려를 개혁하고자 함

신흥 무인 세력

최영
이성계

홍건적과 왜구 침입 때 공을 세워
백성의 믿음을 얻음

신진 사대부 (새 로울신 나아갈진 선비사 클대 사내부)
고려 말에 성리학을 공부하고 과거를 통 해 관직에 오른 세력.

성리학 (성품성 다스 릴리 배울학)
고려 말 중국에서 들 어온 유학의 한 갈래. 우주의 질서와 인간 의 마음을 연구함.

홍건적 (붉을홍 수건 건 도둑적)
중국 도적 무리. 머리 에 붉은 수건을 둘렀 다고 해 홍건적이라 고 함.

왜구 (왜나라왜 도적구)
고려부터 조선 시대 까지 우리나라 해안 지역에 쳐들어와 사 람을 해치고 물건을 빼앗던 일본 해적.

신흥 무인 세력 (새로울신 일으킬흥 무 사무 사람인 -)
고려 말 홍건적과 왜 구를 물리치는 과정 에서 성장한 무인들.

⭐ 고려 말에 [   ] [   ]가 새로운 정치 세력으로 성장했어요.

신진 사대부는 [   ]을 바탕으로 고려를 개혁하고자 했어요.

한편 14세기 말 고려는 [   ]과 [   ]의 침입에 시달렸어요.

[   ] 세 력 이 이들을 물리치며 새로운 정치 세력으로 성장했어요.

고려 말 공민왕이 개혁 정치를 펼쳐 나갈 때
새로운 정치 세력이 일어나 고려를 개혁하려 했고,
개혁 세력 중 이성계가 권력을 잡으며 고려 왕조는 결국 무너졌어요.

고려의 멸망

1388년

요동 정벌 추진

최영

요동 지방을
되찾으려 함

위화도 회군

이성계

이성계가 위화도에서
군사를 돌려 권력을 잡음

신진 사대부와 연합

정도전   이성계

이성계가 새 왕조를 세우려 한
신진 사대부와 힘을 합침

1392년

고려 멸망

공양왕이 이성계에게
왕위를 내줌

요동 정벌 (- 갈정 칠**벌**)
원이 직접 다스리던 고려 지역을 명나라가 차지하려 하자 고려가 요동(중국 랴오허강의 동쪽 지방)을 공격하여 이에 맞서려고 한 사건.

위화도 회군
(- 돌아올**회** 군사**군**)
이성계가 군사를 이끌고 요동 정벌에 나섰다가 위화도에서 군사를 되돌려 온 사건.

신진 사대부 (새로울**신** 나아갈**진** 선비**사** 클대 사내**부**)
고려 말에 성리학을 공부하고 과거를 통해 관직에 오른 세력.

이성계
고려의 장수이자 조선을 세운 임금.

고려 말, 명나라가 요동 지방을 점령하자 고려는 ☐☐ 정 벌 을 추진했어요.

⭐ 요동 정벌에 반대하던 이성계가 ☐☐☐ 에서 ☐☐ 하여 개경으로 돌아왔어요.

이성계는 뜻을 함께하는 ☐☐☐☐☐ 와 힘을 합쳐 새 나라를 세우려고 했어요.

결국 공양왕이 ☐☐☐ 에게 왕위를 내어 주며 고려 왕조는 무너졌어요.

새 정치 세력이 성장하며 고려는 무너졌어요.

▼ 다음 글을 읽고 물음에 답하세요.

신진 사대부의 성장

고려 말 원의 세력이 약해지자, 공민왕은 원의 간섭에서 벗어나기 위해 개혁 정치를 펼쳤어요. 공민왕은 성균관을 재정비하고 유학 교육을 강화하면서 개혁을 뒷받침할 새로운 인재를 키우고자 했어요. 이 과정에서 신진 사대부라는 새로운 정치 세력이 성장했어요. 신진 사대부는 주로 지방 향리* 출신으로, 성리학을 공부하고 과거에 합격해서 관직에 올랐지요. 이들은 관직을 독차지하고 있던 권문세족 때문에 높은 관직에 오르는 것도, 땅을 가지는 것도 어려워 권문세족에 대한 불만이 컸어요.

신진 사대부는 원 간섭기에 고려에 새롭게 소개된 유학 중 하나인 성리학을 바탕으로 고려를 개혁하고자 했어요. 이들은 권문세족의 횡포를 비판하며, 권문세족이 불법적으로 운영하고 있던 농장을 없애야 한다고 주장했어요. 또 당시 불교 사찰*은 권문세족과 연결되어 많은 토지와 노비를 소유하는 등 문제가 많았는데, 신진 사대부는 이러한 문제를 비판하며 불교를 개혁해야 한다고 주장했어요.

신흥 무인 세력의 등장

한편 공민왕 때 고려에는 홍건적과 왜구가 자주 침입해 왔어요. 원에서 반란을 일으킨 홍건적이 고려까지 쳐들어와 한때 개경이 함락되는 일도 생겼어요. 또한 우리나라의 해안 지역을 돌아다니던 일본의 해적, 왜구도 바닷가에서 사람을 해치며 물건을 빼앗기를 일삼다가 개경 근처까지 쳐들어와 고려에 큰 피해를 입혔어요. 이 무렵에 최영, 이성계와 같은 무인들이 홍건적과 왜구를 물리치는 데 큰 공을 세웠어요. 이들은 백성들에게 믿음을 얻으며 신흥 무인 세력으로 성장했어요. 신흥 무인 세력은 정치적으로도 중요한 비중을 차지하며 고려 말 또 다른 정치 세력으로 떠올랐어요.

바르게 읽기

1 이 글의 내용으로 알맞은 것에 ○표, 알맞지 않은 것에 ×표를 하세요.

(1) 우왕과 최영은 요동 정벌에 반대했다. （　　）

(2) 신진 사대부는 권문세족 출신이 많았다. （　　）

(3) 권력을 잡은 이성계는 고려 왕조를 유지하려는 세력과 손잡았다. （　　）

(4) 신흥 무인 세력은 고려 말 홍건적과 왜구를 물리치는 데 큰 공을 세웠다. （　　）

이 무렵 공민왕이 죽고, 고려는 중국 대륙에서 원을 몰아낸 명과 외교 관계를 맺었어요. 그런데 명이 공민왕이 되찾은 지역을 자신들이 직접 다스리겠다고 고려에 통보했어요. 그러자 최영 장군은 이에 반발했어요. 명이 차지하고 있는 요동 지역도 원래 고려의 영토였다고 말하며 오히려 요동 정벌에 나서겠다고 했지요. 이성계는 여러 이유를 내세워 요동 정벌에 반대했지만, 우왕의 명령에 따라 군대를 이끌고 요동으로 향했어요. 그러다 이성계는 압록강에 있는 섬 위화도에서 군대를 돌려 다시 개경으로 돌아왔어요(위화도 회군, 1388). 이성계는 우왕과 최영을 몰아내고 권력을 잡았어요.

▲ 위화도 회군

권력을 잡은 이성계는 신진 사대부 중 새 왕조를 세워 개혁하려는 세력과 힘을 합쳤어요. 신진 사대부 중에서도 고려 왕조를 유지하면서 개혁을 추진하려 한 쪽은 없애 버렸지요. 결국 공양왕은 왕의 자리를 내주었고, 이성계가 왕의 자리에 올랐어요. 이로써 고려 왕조가 막을 내리고 새로운 나라 조선이 세워졌어요(1392).

〈낱말 풀이〉 **향리** 고려 시대에 지방의 행정을 담당했던 하급 관리.

사찰 승려가 불상을 모시고 불교의 가르침을 따르고 펼치는 집.

명 1368년에 주원장이 원나라를 북쪽으로 몰아내고 세운 중국의 통일 국가.

요동 중국 랴오허 강의 동쪽 지방.

연결하여 읽기 **2** **다음 사건들을 일어난 순서에 맞게 번호를 쓰세요.**

(1) 공양왕이 이성계에게 왕의 자리를 내주었다.

(2) 이성계가 우왕과 최영을 몰아내고 권력을 잡았다.

(3) 이성계가 위화도에서 군대를 돌려 개경으로 돌아왔다.

(4) 최영과 이성계가 홍건적과 왜구를 물리치는 데 공을 세웠다.

(   ) → (   ) → (   ) → (   )

3 신진 사대부에 대한 설명으로 알맞지 <u>않은</u> 것을 고르세요. ( )

① 지방 향리 출신이 많았다.

② 권문세족의 횡포를 비판했다.

③ 과거에 합격해서 높은 관직을 독차지했다.

④ 성리학을 바탕으로 고려를 개혁하고자 했다.

⑤ 공민왕이 개혁 정책을 펼칠 때 새로운 정치 세력으로 떠올랐다.

4 이 글과 〈보기〉를 읽고, 다음 인물들에 대한 설명으로 알맞은 것을 고르세요. ( )

— 〈보기〉 —

고려 말 새로운 정치 세력

최영

공민왕이 되찾은 땅을 명이 직접 다스리겠다고 하는 것은 무리한 요구입니다! 이 기회에 고구려 땅이었던 요동을 되찾아옵시다!

명은 큰 나라입니다. 작은 나라가 함부로 맞서면 안 됩니다. 요동을 공격하는 틈을 타서 남쪽에서 왜구가 쳐들어올 수도 있어요!

이성계

정도전

고려는 이미 썩을 대로 썩었어요. 새로운 왕조를 세워서 처음부터 다시 시작해야 합니다!

고려를 유지하면서도 얼마든지 개혁할 수 있어요! 굳이 왕조를 바꿀 필요가 없습니다. 저는 끝까지 고려에 충성할 겁니다.

정몽주

① 최영과 이성계는 신진 사대부였다.

② 정도전과 정몽주는 신흥 무인 세력이었다.

③ 정도전과 정몽주는 홍건적과 왜구를 몰아내는 데 공을 세웠다.

④ 최영과 이성계는 성리학을 바탕으로 고려를 개혁하려 한 세력이었다.

⑤ 정도전처럼 새 왕조를 세워 개혁하려는 세력이 이성계와 힘을 합쳤다.

구조로
정리하기 **5** 다음 구조도를 보며 이 글의 내용을 정리해 보고, 빈칸에 알맞은 말을 쓰세요.

새로운 정치 세력의 성장

신진 사대부
- ☐☐☐ 을 바탕으로 고려를 개혁하려 함. - 권문세족의 횡포를 비판함.
신흥 ☐☐ 세력
- 고려 말 홍건적과 왜구를 물리치는 데 공을 세움. - 백성의 믿음을 얻음.

고려의 멸망

우왕과 최영이 요동 정벌에 나서려 함.

↓

이성계가

☐☐☐☐ 에서 ☐☐ 함(1388).

↓

☐☐☐☐ 가 권력을 잡고

새 왕조를 세우려는

신진 사대부와 손잡음.

↓

고려 왕조가 무너짐(1392).

서술형
쓰기 **6** 이 글과 다음 지도를 보고, 물음에 답하세요.

(1) 이성계가 군대를 돌린 곳을 지도에서 찾아 ◯표 하세요 .

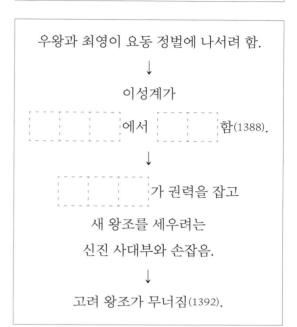

(2) 이성계의 위화도 회군이 무엇인지 쓰세요.

요동 정벌에 반대하던 이성계가

- -

- -

고려

1231년

① [ ] **침입**

1206년에 칭기즈 칸이
몽골족을 통일하고 세운 나라.

1232년

**강화도
천도**

**백성의
항쟁**

1273년

② [ ] **진압**

고려 무신 정권 때 만들어진
특수 부대.

이후 100여 년간
원 간섭기

원의 간섭

① [ ] **의 내정 간섭**

몽골의 쿠빌라이 칸이
1271년에 세운 나라.

원 황실과 혼인

② [ ] **을 바침**

힘이 약한 나라가 힘이
강한 나라에 바치는 물건.

권문세족의 성장

① [ ]

고려 후기에 나타난 정치 세력. 벼슬이 높고
권세가 있는 집안이라는 뜻으로, 대부분
원의 세력에 기대어 부와 권력을 누림.

권문세족의 횡포

원 간섭기 이후
14세기 중반
공민왕의 개혁 정치

1388년

③ ⬜⬜ **정벌**

중국 랴오허 강의
동쪽 지방.

④ ⬜⬜⬜⬜

이성계가 군사를 이끌고 요동 정벌에
나섰다가 위화도에서 군사를
되돌려 온 사건.

1392년

고려 멸망

공민왕의 개혁

친원 세력 제거

쌍성총관부 공격

① ⬜⬜⬜⬜⬜ **설치**

억울하게 땅을 빼앗기거나 노비가 된 백성을
바르게 분별하기 위해 세운 임시 관청.

새로운 정치 세력의 성장

① ⬜⬜⬜⬜⬜

고려 말에 성리학을 공부하고 과거를 통해
관직에 오른 세력.

② ⬜⬜⬜⬜⬜⬜

고려 말에 홍건적과 왜구를 물리치는 과정에서
크게 성장한 무인들.

탐구
주제 **1**

몽골의 침입에 고려는 어떻게 맞서 싸웠을까?

〈자료〉 **몽골의 침입과 고려의 항쟁**

강화도 천도 (1232)
바다에 익숙하지 않은 몽골군을 막기 위해 도읍을 옮겼다.

삼별초 항쟁 (~1273)
삼별초는 몽골에 끝까지 맞서 싸우다가 고려와 몽골 연합군에게 진압되었다.

처인성 전투 (1232)
처인성에서 주민들이 맞서 싸우고 김윤후가 몽골군 대장 살리타를 죽이며 승리를 거두었다.

충주성 전투 (1232, 1253)
- 몽골군의 공격에 관리들이 성을 버리고 도망가자 노비와 천민들이 맞서 싸웠다.
- 김윤후가 노비의 장부를 불태우고 소와 말을 나누어 주며 사람들의 사기를 높여 성을 지켜 냈다.

1 〈자료〉를 보고 다음 ㉠~㉢에 알맞은 말을 찾아 쓰세요.

고려가 도읍을 (㉠   )로 옮기자, 이를 구실로 몽골이 다시 쳐들어왔습니다.
(㉡   )는 처인성에서 몽골군 대장을 쏘아 죽였고, 충주성에서도 노비를 이끌고 몽골군을 물리쳤습니다. 고려군과 백성들은 있는 힘을 다해 맞서 싸웠습니다. 이런 와중에도 지배층은 사치를 일삼았고 결국 최씨 무신 정권이 무너지며 몽골과 강화를 맺게 됐습니다.
(㉢   )는 끝까지 몽골군에 항쟁하다 진압됐습니다.

2 고려가 몽골의 침입에 맞서 어떻게 저항했는지 다음 핵심어를 모두 넣어 두 문장으로 쓰세요.

핵심어 (몽골군) (강화도) / (처인성 전투) (충주성 전투)

최씨 정권은
_____

고려군과 백성은
_____

원 간섭기에 권문세족은 어떤 횡포를 부렸을까?

〈자료 1〉 **물푸레나무 몽둥이질**

　힘 있는 무리들이 종들을 풀어서 좋은 땅을 가진 사람이 있으면 물푸레나무로 때리고 토지를 빼앗았다. 땅 주인이 관청에서 발급받은 증명서를 갖고 있더라도 감히 항의하지도 못했다.

- 『고려사절요』

〈자료 2〉 **흑책정사**

　힘 있는 무리들이 관직에 오를 이름을 서로 다투며 지우고 고쳐 이름을 알아볼 수 없을 지경에 이르렀습니다. 당시 사람들은 이를 두고 아이들의 글쓰기 연습책인 흑책 같다고 하여 흑책정사라고 불렀습니다.

〈자료 3〉 **권문세족**

　고려에 대한 원의 간섭이 심해지자 친원 세력이 원을 등에 업고 권력을 누렸는데, 이들을 권문세족이라고 합니다. 이들은 높은 벼슬자리를 독차지했고, 다른 사람의 토지와 노비를 함부로 빼앗아 넓은 농장을 운영했습니다.

1　〈자료 1〉과 〈자료 2〉에서 밑줄 친 '힘 있는 무리'는 누구인지 〈자료 3〉에서 찾아 쓰세요.

(　　　　　　　　　　)

2　〈자료 1〉과 〈자료 2〉에서 알 수 있는 힘 있는 무리의 횡포가 무엇인지 알맞은 말을 골라 ○표 하세요.

〈자료 1〉 물푸레나무 몽둥이질	〈자료 2〉 흑책정사
몽둥이질까지 하면서 다른 사람의 ㉠ (나무 , 토지)를 함부로 빼앗았음.	벼슬자리를 자기 마음대로 주무르며 높은 ㉡ (관직 , 농장)을 독차지함.

3　권문세족이 횡포를 부릴 수 있었던 까닭을 다음 핵심어를 모두 넣어 쓰세요.

핵심어　(원 간섭기) (친원 세력) (원)

공민왕은 왜 개혁을 추진했을까?

〈자료 1〉 공민왕의 개혁 정치

원을 등에 업고 권력을 누리던 친원 세력을 제거했습니다.

원이 고려 정치에 간섭하는 통로였던 정동행성을 축소했습니다.

쌍성총관부를 공격하여 원에 빼앗겼던 땅을 되찾았습니다.

〈자료 2〉 신돈과 전민변정도감

신돈이 전민변정도감을 설치할 것을 이야기하고 전국에 방을 붙여 알리기를 "토지와 농장의 노비를 권문세족들이 거의 다 빼앗았다. 이제 도감을 설치하여…." 권문세족이 뺏은 땅을 주인에게 돌려주므로 안팎이 기뻐하였다.

- 『고려사』

---

1 〈자료 1〉과 〈자료 2〉를 읽고 다음 ㉠ ~ ㉢에 알맞은 말을 찾아 쓰세요.

공민왕

고려는 몽골과의 전쟁 후 약 백 년 동안 (㉠   )의 간섭을 받아 왔네. 그런데 근래 원나라 세력이 약해지고 있다네. 이걸 기회로 원의 간섭에서 벗어나려 하네.

저도 힘을 보태겠습니다. 원 간섭기에 (㉡   )이 백성의 토지와 노비를 빼앗으며 온갖 횡포를 부리지 않았습니까! (㉢   )을 설치하여 이들의 세력을 약하게 만들어야 합니다.

신돈

2 공민왕이 개혁 정책을 추진한 까닭을 다음 핵심어를 모두 넣어 두 문장으로 쓰세요.

핵심어 (원의 간섭) / (권문세족) (약화)

공민왕은 밖으로는
- -

공민왕은 안으로는
- -

고려 말 새로운 정치 세력은 어떻게 고려를 개혁하려 했을까?

〈자료 1〉 **고려 말 새로운 정치 세력**

고려 말 신진 사대부와 신흥 무인 세력이 새로운 정치 세력으로 떠올랐습니다. 신진 사대부는 성리학을 공부하고 과거에 합격에서 관직에 오른 이들이었고, 신흥 무인 세력은 홍건적과 왜구를 물리치는 데 큰 공을 세운 사람들이었습니다.

〈자료 2〉 **고려 말 주요 인물**

개경에서 홍건적을 물리침.
백성들에게 존경을 받음.
최영

황산 대첩에서 왜구를 물리침.
위화도 회군으로 권력을 잡음.
이성계

공민왕 때 과거 문과에 합격함.
새 왕조를 세우는 것에 반대함.
정몽주

공민왕 때 과거 문과에 합격함.
새 왕조를 세워야 한다고 주장함.
정도전

1 〈자료 1〉을 바탕으로 〈자료 2〉의 네 인물이 어느 세력인지 다음 빈칸에 알맞은 이름을 쓰세요.

신진 사대부	신흥 무인 세력
㉠ (,)	㉡ (,)

2 권력을 잡은 이성계가 어느 세력과 손잡았는지 다음 글을 참고하여 쓰세요.

이성계

우왕의 명령을 받아 요동 정벌에 나서긴 했으나 요동 정벌에 반대하던 나는 위화도에서 군대를 이끌고 다시 돌아왔소! 개경으로 돌아와 권력을 잡은 후에 새 왕조를 세워 개혁하려는 신진 사대부 세력과 손을 잡았고, 내가 왕의 자리에 올랐다오.

위화도 회군으로 권력을 잡은 이성계는
- -

- -

(쉬어 가기)

고려와 원을 오간 사람들은 누가 있을까요?

고려는 몽골과의 오랜 항쟁 끝에 몽골과 강화 조약을 맺고 전쟁을 끝냈어요.
이후 두 나라가 폭넓게 교류하며 여러 사람들이 고려와 원을 드나들었어요.

공녀로 가서 원 황제와 혼인한 **기황후**

몽골과의 전쟁 후 원에 끌려간 공녀 중에는 간혹 출세하는 사람도 있었어요. 그중에서도 기자오의 딸 '기씨'는 원 황제와 혼인을 하여 원의 황후가 되었어요. 기황후는 황제의 아들을 낳은 후 막강한 권력을 얻었고, 그 덕분에 오빠인 기철과 집안 사람들도 고려에서 큰 권력을 누렸어요.

원에서 공부하며 유명 학자들과 교류한 **이곡**

고려에서 학문을 하던 사람들은 원으로 가서 공부하고 싶어 했어요. 원에서 치르는 과거 시험에 합격하는 고려인도 여럿 있었지요. 이곡은 원의 과거 시험에 합격했을 뿐 아니라 원에서도 알아줄 정도로 문장에 뛰어난 학자였어요. 공부를 끝내고 원에서 관직 생활을 이어가며 당시 유명한 원의 지식인들과 활발하게 교류했어요.

몽골에서 태어나 고려에 귀화한 **인후**

인후는 몽골에서 태어나, 충렬왕과 결혼한 원의 공주를 따라 고려에 들어왔다가 고려에 귀화했어요. 귀화란 자기가 태어난 나라가 아닌 다른 나라에 살면서 그 나라의 국민이 되는 것을 말해요. 그래서 인후는 홀라타이라는 본래 이름 대신 인 씨 성을 가지게 되었지요. 그는 고려 왕이 원에 갈 때 따라다녔고, 높은 지위에도 올라 많은 토지와 노비를 가졌어요.

공민왕의 왕비가 된 원의 **노국 대장 공주**

원 간섭기에 고려 왕은 무조건 원의 공주와 결혼해야 했기에 대체로 왕비와 사이가 좋지 못했어요. 하지만 공민왕과 그의 왕비 노국 대장 공주는 달랐어요. 노국 대장 공주는 공민왕을 따라 고려에 들어온 후, 공민왕이 원의 간섭에서 벗어나려고 할 때에도 적극적으로 도왔어요. 하지만 노국 대장 공주는 아이를 낳다가 아이와 함께 세상을 떠났고, 공민왕은 공주를 그리워하며 눈물로 밤을 지새웠다고 해요.

고려의 문화

그림으로 만나는
개념

고려인의 신분과 생활

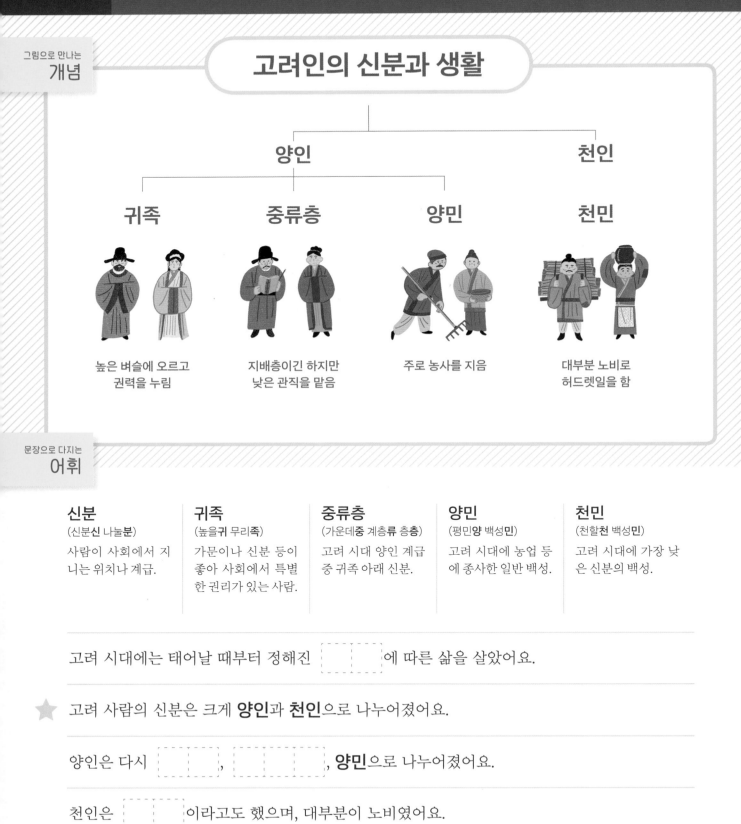

양인			천인
귀족	중류층	양민	천민
높은 벼슬에 오르고 권력을 누림	지배층이긴 하지만 낮은 관직을 맡음	주로 농사를 지음	대부분 노비로 허드렛일을 함

문장으로 다지는
어휘

신분 (신분**신** 나눌**분**)	**귀족** (높을**귀** 무리**족**)	**중류층** (가운데**중** 계층**류** 층**층**)	**양민** (평민**양** 백성**민**)	**천민** (천할**천** 백성**민**)
사람이 사회에서 지니는 위치나 계급.	가문이나 신분 등이 좋아 사회에서 특별한 권리가 있는 사람.	고려 시대 양인 계급 중 귀족 아래 신분.	고려 시대에 농업 등에 종사한 일반 백성.	고려 시대에 가장 낮은 신분의 백성.

고려 시대에는 태어날 때부터 정해진 [   ]에 따른 삶을 살았어요.

★ 고려 사람의 신분은 크게 **양인**과 **천인**으로 나누어졌어요.

양인은 다시 [   ], [   ], **양민**으로 나누어졌어요.

천인은 [   ]이라고도 했으며, 대부분이 노비였어요.

고려 시대 사람들은 신분이 나뉘어져 있었고
나뉘어진 신분에 따라 생활 모습이 달랐어요.
또, 가족 안에서는 아들과 딸의 차별이 거의 없었어요.

고려인의 가족 생활

일부일처제

한 남편과 한 아내가
부부를 이룸

처가살이

혼인한 뒤 신랑이
신부 집에서 사는 경우가 많음

남녀가 평등한 관계

부부가 각자의 재산을 갖고,
아들과 딸에게 똑같이 상속함

일부일처제 (한일 남편부
한일 아내처 규정제)
남편과 아내 모두 한 명의
배우자만 두는 것.

처가살이
(아내처 집가-)
아내가 본디 살던 집에 남
편이 들어가 삶.

평등
(평평할평 등급등)
모든 사람한테 권리나 의무
같은 것이 똑같은 것.

상속
(서로상 이을속)
사람이 죽은 후에 그 사람
의 재산을 넘겨주거나 넘겨
받음.

고려 시대의 혼인 형태는 [   ]가 일반적이었어요.

⭐ 남녀가 혼인한 뒤에는 대체로 신랑이 신부 집에서 [   ]를 하며 살았어요.

가족 안에서 남편과 부인, 아들과 딸이 [   ]한 관계를 유지했어요.

부부가 각자의 재산을 갖고, 아들과 딸에게 똑같이 [   ]했어요.

고려는 신분에 따라 생활 모습이 달랐어요.

▼ 다음 글을 읽고 물음에 답하세요.

**고려인의
신분과 생활**

고려 사람들의 생활 모습은 어땠을까요? 고려는 신분제 사회였어요. 어떤 집안에서 태어났는지에 따라 신분이 정해졌고 신분에 따라 가질 수 있는 직업이나 살아가는 모습도 많이 달랐지요. 고려 사람의 신분은 크게 양인과 천인으로 나누었는데, 양인은 다시 귀족, 중류층, 양민으로 나뉘었어요.

귀족에는 왕족을 비롯하여 문신, 무신 출신의 관리가 있었어요. 가장 높은 신분인 귀족은 높은 벼슬에 오르고 많은 땅을 차지하여 부를 쌓고 권력을 누렸지요. 귀족 아래 중류층은 지배층이기는 하지만 낮은 관직을 맡고 있던 관리들이에요. 중류층에는 궁궐의 실무를 담당하는 관리나 지방 행정을 도와주는 향리 등이 있었어요.

▲ **조반 부부 초상** 고려 말 귀족의 차림새를 엿볼 수 있다.

양인의 대다수는 일반 양민이었는데, 이들은 농사를 짓거나 장사를 하거나 수공업품을 만들거나 하며 생활했어요. 양민 중에서 농사를 짓는 농민이 가장 많았는데, 이들을 백정*이라고도 불렀어요. 양민은 나라에 세금을 내고 군대도 가야 하는 의무가 있었기 때문에 대부분 힘들게 살았어요. 횡포를 부리는 관리를 만나거나 외적이 침입하면 삶이 더욱 어려워졌지요.

가장 낮은 신분은 천인이었어요. 천민이라고도 불렸으며 대부분 노비였어요. 양민처럼 세금을 내거나 군대에 갈 의무는 없었지만, 대신 교육을 받을 수 없었고 과거 시험을 치거나 관직에 나갈 수도 없었지요. 또한 국가와 귀족의 재산으로 여겨졌으므로, 노비를 자식한테 물려주거나 다른 사람한테 넘겨줄 수도 있었어요.

**바르게
읽기**

1 이 글의 내용으로 알맞은 것에 ○표, 알맞지 않은 것에 ✕표를 하세요.

(1) 고려 사람의 신분은 크게 귀족과 천인으로 나누었다. ( )

(2) 양민은 나라에 세금을 내고 군대에 가야 하는 의무가 있었다. ( )

(3) 고려 시대에는 한 남편이 여러 아내를 두는 것이 일반적이었다. ( )

(4) 고려 시대에는 부모가 재산을 물려줄 때 딸과 아들이 똑같이 상속받았다. ( )

고려 시대 가족의 생활은 어땠을까요? 고려 시대 가족은 부부와 자녀로 이루어진 소가족이 중심을 이루었어요. 혼인 형태는 한 남편과 한 아내가 부부를 이루는 일부일처제가 일반적이었어요. 그리고 대개 신분이 같은 사람들끼리 혼인했어요.

혼인할 때는 대체로 신랑이 신부 집에 가서 혼인식을 치렀고, 혼인한 뒤에도 신랑이 신부 집에 머물며 처가살이를 하는 경우가 많았어요. 그 영향으로 여성이 가족 구성의 기준이 되는 경우가 많았지요. 또한 외가와 친가를 따져서 구분하기보다 양쪽 혈연 모두를 중시했으며, 족보에도 아들이 낳은 자식과 딸이 낳은 자식을 모두 기록했어요.

고려 시대에는 가족 안에서 남편과 부인, 아들과 딸의 권리와 의무가 평등했어요. 부부가 각자의 재산을 따로 가질 수 있었고, 부모가 재산을 자식에게 물려줄 때도 딸과 아들이 똑같이 상속받았어요. 호적에는 딸과 아들의 구분 없이 자식을 태어난 순서대로 기록했어요. 이처럼 고려 사회에서 여성은 가족 안에서 남성과 거의 평등한 위치에 있었지만, 정치에서는 남녀 구분이 뚜렷하여 여성이 관직에 진출할 수 없었고 사회적 활동을 하는 데에도 많은 차별을 받았답니다.

〈낱말 풀이〉 **백정** 고려 시대에 농사를 짓던 일반 농민. 조선 시대에는 돼지 등 가축을 죽여 고기를 만드는 사람을 뜻함.
외가 어머니의 집안.
친가 아버지의 집안.
족보 한집안 사람을 대대로 적은 책.
호적 한집안 사람의 이름, 생년월일 따위의 신분에 관한 내용을 적은 공적인 문서.

연결하여
읽기 **2** **고려 시대 신분 계급과 하는 일을 알맞게 선으로 연결하세요.**

(1) 귀족 •   • ㉠ 노비

(2) 중류층 •   • ㉡ 농사를 짓는 농민

(3) 양민 •   • ㉢ 낮은 관직을 맡고 있던 관리

(4) 천민 •   • ㉣ 왕족, 문신과 무신 출신의 관리

자세히 읽기

3 고려의 신분 제도에 대한 설명으로 알맞은 것을 고르세요. ( )

① 양인의 대다수는 귀족이었다.

② 귀족은 궁궐의 실무를 담당했다.

③ 천민은 나라에 세금을 내고 군대에 갈 의무가 있었다.

④ 중류층은 귀족보다는 낮고 일반 양민보다는 높은 신분이었다.

⑤ 백정은 국가와 귀족의 재산으로 여겨져 자식한테 물려줄 수 있었다.

깊이 읽기

4 이 글과 〈보기〉를 읽고, 고려 시대 가족에 대한 설명으로 알맞지 <u>않은</u> 것을 고르세요.

( )

〈보기〉

고려 시대 가족을 부르는 말

　고려 시대 사람들은 할아버지를 부를 때 친할아버지와 외할아버지를 구분하지 않고 '한아비'로 불렀고, 친할머니와 외할머니는 '한어미'로, 삼촌과 외삼촌은 '아자비'로, 고모와 이모는 '아지미'로 통틀어 불렀습니다.

고려 관리 이규보의 처가에 대한 인식

　　혼인하면 남자는 처가로 갑니다. 필요한 것을 다 처가에 의존하니, 장인과 장모의 은혜가 부모와 같습니다. 장인이 저를 위해 마음 깊이 두루 갖춰 주고 세상을 떠나시니 저는 장차 누구에게 의지하란 말입니까?　- 이규보, 『동국이상국집』

---

① 고려 시대에는 처가살이를 하는 경우가 많았다.

② 고려 관리 이규보는 장인과 장모와의 관계가 매우 친밀했다.

③ 외가와 친가를 따져서 구분하지 않고 양쪽 혈연을 모두 중시했다.

④ 고려 시대 사람들은 친가와 외가 사람들을 부를 때 구분하여 불렀다.

⑤ 처가살이의 영향으로 여성이 가족 구성의 기준이 되는 경우가 많았다.

5 다음 구조도를 보며 이 글의 내용을 정리해 보고, 빈칸에 알맞은 말을 쓰세요.

고려 사람들의 생활 모습	

고려인의 신분과 생활		고려인의 가족 생활

양인	- 귀족: 왕족과 문신, 무신 출신 관리 - ⬚⬚⬚⬚: 낮은 관직의 관리 - 양민: 농사를 짓는 농민 등
천인	- 천민: 대부분 ⬚⬚

- 혼인 형태는 ⬚⬚⬚⬚⬚가 일반적임.
- 혼인한 뒤에는 ⬚⬚⬚를 하는 경우가 많음.
- 남편과 부인, 아들과 딸의 권리와 의무가 평등함.

6 이 글과 다음 자료를 보고, 물음에 답하세요.

(1) 그림의 ㉠에 알맞은 신분 이름을 쓰세요.

㉠ -

고려인의 신분

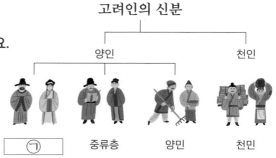

| ㉠ | 중류층 | 양민 | 천민 |

(2) 고려 시대에 사람들의 신분이 어떻게 나뉘었는지 쓰세요.

고려 사람의 신분은 크게 양인과 천인으로 나뉘었습니다. 양인은 다시

- -

- -

그림으로 만나는
개념

고려의 불교

불교의 발달

나라의 지원을 받으며 발달하여
연등회, 팔관회 등 불교 행사가 크게 열림

불교 사상의 발달

의천

불교 경전을 중시하며
불교 갈래를 통합하려 함

지눌

깨달음을 강조하며
불교를 개혁하려 함

문장으로 다지는
어휘

불교
(부처불 가르칠교)
부처의 가르침을 따르는 종교. 깨달음을 통해 행복을 이루고자 함.

연등회
(불탈연 등등 모일회)
등불을 밝히고 부처에게 복을 비는 행사.

팔관회 (여덟팔 문빗장관 모일회)
고려 때 나라의 안녕을 빌던 불교 행사.

의천
고려 시대의 승려. 불교의 한 종파인 천태종을 만듦.

지눌
고려 시대의 승려. 부처의 가르침을 실천하는 수행을 강조함.

⭐ 고려 시대에는 건국 초부터 나라의 지원을 받아 [ ] 가 크게 발달했어요.

[ ] , **팔관회**와 같은 불교 행사도 크게 열렸어요.

[ ] 은 불교 경전을 중시하며 고려 불교의 갈래를 통합하려 했어요.

[ ] 은 깨달음을 강조하며 고려 불교를 개혁하려 했어요.

고려의 유학과 역사서

유학의 발달

유학을 정치와 교육에서
근본으로 삼음

성리학을 받아들여
고려를 개혁하려 함

역사서

김부식

유교 역사관을 바탕으로 한
『삼국사기』를 펴냄

일연

단군 신화를 담은
『삼국유사』를 펴냄

유학
(선비유 배울학)
중국 공자의 가르침을 바탕
으로 삼는 학문. 인간의 도
덕과 사회의 정의를 다룸.

성리학
(성품성 다스릴리 배울학)
고려 말 중국에서 들어온 유
학의 한 갈래. 우주의 질서와
인간의 마음을 연구함.

삼국사기
(- 역사사 기록할기)
1145년에 김부식이 인종
의 명을 받아 삼국의 역사
에 대해 쓴 책.

삼국유사
(- 남길유 일사)
고려 후기에 승려 일연이
고조선에서부터 후삼국까
지의 역사에 대해 쓴 책.

★ 고려는 　　　을 정치와 교육의 근본으로 삼았어요.

고려 말에는 　　　을 받아들여 이를 바탕으로 고려를 개혁하려 했어요.

유학의 발달은 역사서의 편찬에도 영향을 끼쳐 김부식은 『　　　』를 펴냈어요.

일연은 단군 신화를 담은 역사책 『　　　』를 펴냈어요.

고려에서 불교와 유학이 발달했어요.

▼ 다음 글을 읽고 물음에 답하세요.

고려의 불교

고려 시대에는 어떤 종교와 사상이 발달했을까요? 고려는 불교의 나라라고 할 수 있을 정도로 우리 역사를 통틀어 불교가 가장 꽃피었던 시대였어요. 그것이 가능했던 까닭은 고려 불교가 나라의 적극적인 지원을 받으며 발전했기 때문이에요. 고려는 건국 초부터 왕실의 위엄을 높이고 백성의 마음을 하나로 모으기 위해 나라에서 불교를 널리 믿게 했어요. 태조 왕건은 후대 왕에게 남긴 「훈요 10조」에서 연등회나 팔관회와 같은 불교 행사를 크게 열라고 당부했었지요. 광종은 과거제를 실시하면서 승려들이 시험을 보는 '승과'를 따로 두고 뛰어난 승려를 뽑아 왕의 스승으로 삼기도 했어요. 고려에는 왕실이나 귀족 집안의 자제 중에서 승려가 되는 사람도 많았고, 나라가 어려움에 빠졌을 때는 부처의 힘에 기대어 이겨 내려고 하기도 했어요.

이처럼 불교가 널리 퍼지자 불교의 여러 갈래가 함께 발전했지요. 고려 건국 초에는 불교 갈래 중 마음속 깨달음을 중시하는 선종이 유행하다가 점차 부처님 말씀과 경전의 내용을 중시하는 교종이 힘을 얻었어요. 교종이 국가와 문벌의 지원을 받았기 때문이에요. 이런 상황에서 의천은 천태종을 만들어 교종을 중심으로 선종을 통합하려고 했어요. 무신 집권기에는 지눌이 불교가 수행* 중심의 본래 모습으로 돌아가야 한다며 불교 개혁 운동을 펼치기도 했어요. 하지만 원 간섭기에 불교계는 권문세족과 연결되어 많은 땅을 가질 뿐만 아니라 백성에게 돈을 빌려주고 높은 이자를 받아 재산을 늘리는 등 타락한* 모습을 보였어요.

바르게 읽기

1 이 글의 내용으로 알맞은 것에 ○표, 알맞지 않은 것에 ✕표를 하세요.

(1) 고려에서 불교는 나라의 지원을 받으며 발전했다. ( )

(2) 고려는 최승로의 건의를 받아들여 불교를 통치 이념으로 삼았다. ( )

(3) 이규보는 유교적 입장을 바탕으로 쓴 역사서 『삼국사기』를 펴냈다. ( )

(4) 원 간섭기에 불교계는 권문세족과 연결되어 재산을 늘리는 등 타락했다. ( )

고려에서 불교가 종교적 기능을 담당했다면, 유교 사상인 유학은 정치와 교육의 바탕이 되었어요. 고려는 성종 때 최승로의 건의를 받아들여 유교를 통치 이념으로 삼았지요. 정치에서 유교 이념이 강조되면서 유학 교육도 활발해졌어요. 관리가 되기 위해서는 유학을 공부하고 과거 시험을 치러야 했어요. 개경에는 국자감, 지방에는 향교를 두어 유교 경전을 가르쳤지요. 고려는 원과 교류하는 과정에서 새로운 유학인 성리학을 받아들이기도 했어요. 안향이 처음으로 소개한 성리학은 고려 말에 떠오른 새로운 정치 세력인 신진 사대부의 사상적 바탕이 되기도 했지요. 신진 사대부는 성리학을 바탕으로 고려를 개혁하려고 했어요.

유학의 발달은 역사서 편찬에도 영향을 끼쳐 김부식이 유교적 입장을 바탕으로 삼국 시대 역사를 쓴 『삼국사기』를 펴냈어요. 무신 정권 시기에는 이규보가 고려의 역사와 전통을 알리기 위해 고구려 역사를 다룬 서사시인 「동명왕편」을 썼어요. 고려 후기에는 몽골의 침략에 맞설 때 일연이 단군과 고조선 이야기를 담은 『삼국유사』를 써서 중국과 구분되는 우리의 역사를 강조했답니다.

▲ 『삼국사기』

〈낱말 풀이〉　**수행**　불교에서, 부처의 가르침을 실천하고 도를 닦음.
　　　　　　타락하다　올바른 길에서 벗어나 잘못된 길로 빠지다.
　　　　　　서사시　주로 신, 영웅들을 주제로 하는 길이가 긴 이야기 시.

연결하여
읽기 **2**　**다음 인물과 관련된 내용을 알맞게 선으로 연결하세요.**

(1) 일연　•

(2) 의천　•

(3) 지눌　•

(4) 김부식 •

• ㉠ 천태종을 만듦.

• ㉡ 『삼국사기』를 펴냄.

• ㉢ 『삼국유사』를 펴냄.

• ㉣ 불교 개혁 운동을 펼침.

3 고려 시대 유학에 대한 설명으로 알맞지 <u>않은</u> 것을 고르세요. ( )

① 안향이 성리학을 처음으로 소개했다.

② 국자감과 향교에서 유학을 가르쳤다.

③ 관리가 되기 위해서는 유학을 공부해야 했다.

④ 고려 시대 유학은 고려 정치와 교육의 바탕이 되었다.

⑤ 신진 사대부는 전통적인 유학을 바탕으로 고려를 개혁하려 했다.

4 이 글과 〈보기〉를 읽고, 고려 시대 불교에 대한 설명으로 알맞지 <u>않은</u> 것을 고르세요.

( )

〈보기〉

고려 불교 사상의 발전과 변화를 이끈 의천과 지눌

고려 왕 문종의 아들로 태어나 열한 살 때 승려가 되었지요. 불교 통합 운동을 벌여 교종을 하나로 모으려 했고, 이후 천태종을 새로 만들어 교종의 입장에서 선종까지 통합하고자 했어요.

의천

무신 정권 시기 타락한 불교계를 비판하였지요. 승려 본연의 자세로 돌아가 불경, 수행, 노동에 고루 힘을 써야 한다고 주장 했고요. 또한 선종의 입장에서 교종을 껴안으려 했답니다.

지눌

① 원 간섭기에 불교계는 타락한 모습을 보였다.

② 의천은 교종을 중심으로 선종을 통합하려 했다.

③ 왕실의 자제 중에서 승려가 되는 사람도 많았다.

④ 고려 건국 초에 교종이 유행하다가 점차 선종이 힘을 얻었다.

⑤ 지눌은 불교가 본래 모습으로 돌아가야 한다고 주장하며 불교를 개혁하려 했다.

5 다음 구조도를 보며 이 글의 내용을 정리해 보고, 빈칸에 알맞은 말을 쓰세요.

| 고려의 ☐ ☐ | 고려의 유학 |

〈불교의 발달〉

- 나라의 지원을 받으며 발전함.
- 연등회·팔관회와 같은 불교 행사를 열고, 과거제에 승과를 따로 둠.

〈불교 사상〉

- 의천: 교종을 중심으로 선종을 통합하려 함.
- ☐ ☐ : 수행 중심의 불교를 강조하며 불교 개혁 운동을 펼침.

〈유학의 발달〉

- 정치와 교육에서 근본으로 삼음.
- 성리학이 고려 말 신진 사대부의 사상적 기반이 됨.

〈 ☐ ☐ ☐ 의 편찬〉

- 김부식: 유교적 입장을 바탕으로 『삼국사기』를 펴냄.
- 일연: 단군과 고조선 이야기를 담은 『삼국유사』를 펴냄.

---

6 이 글과 다음 자료를 보고, 물음에 답하세요.

(1) 다음 ㉠과 ㉡에 알맞은 불교 행사를 각각 쓰세요.

「훈요 10조」

6조 부처를 섬기는 (㉠)와 하늘의 신령을 섬기는 (㉡)를 성실하게 열어라. - 『고려사』

㉠ 연 _____

㉡ 팔 _____

(2) 고려가 왜 나라에서 불교를 널리 믿게 했는지 쓰세요.

_____

위해 고려는 건국 초부터 나라에서 불교를 널리 믿게 했습니다.

_____

그림으로 만나는
개념

고려의 불교 예술

불상

논산 관촉사 석조 미륵보살 입상

지방에서 돌로 만든
대형 불상이 많이 만들어짐

사찰

영주 부석사 무량수전

고려 불교 건축의
우수성을 보여 줌

불탑

개성 경천사지 십층 석탑

고려 후기에 원의 영향을
받은 탑이 만들어짐

문장으로 다지는
어휘

불교 예술	불상	사찰	불탑
(부처**불** 가르칠**교** 재주**예** 재주**술**)	(부처**불** 모양**상**)	(절**사** 절**찰**)	(부처**불** 탑**탑**)
불교와 관련된 문학, 미술, 음악, 무용 등을 통틀어 이르는 말.	부처의 모습을 나무, 돌, 흙 따위로 나타낸 조각.	승려가 불상을 모시고 불교의 가르침을 따르며 펼치는 집.	절에 세운 탑.

⭐ 고려 시대에 불교가 발달하면서 **불교 예술**도 꽃을 피웠어요.

고려 시대에 지방에서 돌로 만든 대형 ⬚⬚⬚ 이 많이 만들어졌어요.

고려 ⬚⬚⬚ 은 고려 불교 건축의 우수성을 보여 줘요.

고려 후기에는 원의 영향을 받은 ⬚⬚⬚ 이 만들어지기도 했어요.

고려의 공예와 인쇄술

고려청자

상감 기법으로 청자를 만듦

목판 인쇄술 발달

팔만대장경판을 만듦

금속 활자 발명

금속 활자책
『직지심체요절』을 펴냄

공예
(솜씨공 재주예)
일상생활에 필요한 물건을 실용적이면 서도 아름답게 만드 는 일.

상감 (모양상 구멍감)
도자기 등의 겉면에 무늬를 새겨서 파내 고 그 속을 다른 색깔 흙 등으로 메꾸는 공 예 기법.

청자
(푸를청 사기그릇자)
푸른 빛깔의 자기(진 흙을 빚어 높은 열로 구운 사기그릇).

목판 인쇄술
(나무목 널반지판 -)
나무판에 그림이나 글자를 새겨 그 위에 칠을 하고 종이를 덮 어 찍는 기술.

금속 활자
(- 살활 글자자)
네모기둥 모양의 금 속 윗면에 글자 등을 볼록 튀어나오게 새 긴 것.

고려 시대에는 불교 예술과 함께 [   ]도 발달했어요.

★ [   ] 기법으로 만든 [   ]인 **고려청자**는 고려를 대표하는 공예품이에요.

고려 시대에는 [   ]이 크게 발달했고, 팔만대장경판을 만들었어요.

목판 인쇄술의 발전은 [   ]의 발명으로 이어져 『직지심체요절』을 펴냈어요.

고려에서 불교 예술과 인쇄술이 발달했어요.

▼ 다음 글을 읽고 물음에 답하세요.

**고려의
불교 예술**

고려는 불교의 나라였던 만큼 고려의 문화와 예술도 불교를 바탕으로 꽃을 피웠어요. 불상, 사찰, 불탑, 불화 등 다양한 불교 예술이 발달했지요.

먼저, 고려 초기에는 철로 만든 큰 불상이 유행했어요. 지방에서는 논산 관촉사 석조 미륵보살 입상과 같이 돌로 만든 대형 불상을 많이 만들었어요. 지방에서 만들어진 불상에는 지역의 특징이 잘 배어 있답니다. 또, 통일 신라의 양식을 잇는 불상이 만들어지기도 했어요.

불교가 번성함에 따라 사찰도 많이 지어졌어요. 오늘날까지 남아 있는 영주 부석사 무량수전, 안동 봉정사 극락전, 예산 수덕사 대웅전은 고려 시대 불교 건축의 우수성을 보여 줘요. 그중에서 영주 부석사 무량수전과 예산 수덕사 대웅전은 기둥 가운데가 볼록하여 안정감을 주는 배흘림기둥 모양을 하고 있어요.

불탑은 통일 신라의 양식을 따른 3층 석탑과 함께 독특한 형태를 한 다각 다층탑*도 유행했어요. 고려 후기에는 원의 영향을 받은 개성 경천사지 십층 석탑이 만들어졌어요.

또한, 고려 시대에는 왕실이나 문벌 가문의 후원을 받아 크고 화려한 불화가 많이 그려졌어요. 「수월관음도」와 같이 지배층의 평안을 기원하는 불화가 많이 제작되었으며, 비단에 금가루를 칠한 화려한 불화도 많이 그렸어요.

▲「수월관음도」

**바르게
읽기**

1 **이 글의 내용으로 알맞은 것에 ○표, 알맞지 않은 것에 ✕표를 하세요.**

(1) 고려는 불교를 바탕으로 한 예술이 발달했다. （　　　）

(2) 고려는 중국에서 청자 만드는 기술을 받아들였다. （　　　）

(3) 『직지심체요절』은 세계에서 가장 오래된 목판 인쇄본이다. （　　　）

(4) 고려는 국가 차원에서 불교 서적을 펴내면서 인쇄술이 발달했다. （　　　）

고려는 불교 예술과 함께 공예 기술도 크게 발달했어요. 고려를 대표하는 공예품으로 고려청자를 꼽을 수 있어요. 고려는 중국에서 청자 만드는 기술을 받아들인 후, 점차 고려만의 청자를 만들었어요. 11세기까지는 주로 무늬가 없는 순청자를 만들다가 12세기 이후에는 상감 기법으로 도자기 겉면에 무늬를 새긴 상감 청자를 만들었어요. 금속 공예에서는 금속의 겉면을 얇게 파낸 후 은으로 만든 실을 박아 꾸미는 은입사 기술이 발달하였고, 목공예에서는 옻칠을 한 나무에 얇게 간 조개껍데기 조각을 붙여 꾸민 나전 칠기가 발달했어요.

고려는 국가 차원에서 불교 서적을 펴내면서 인쇄술도 높은 수준으로 발달했어요. 거란과 몽골이 침입했을 때 부처의 힘으로 외적을 물리치려고 불교 경전을 정리하여 초조대장경*과, 팔만대장경이라고 불리는 재조대장경*을 만들었어요. 이때 목판 인쇄술이 크게 발전했지요.

고려는 목판 인쇄술을 바탕으로 세계 최초로 금속 활자를 발명했어요. 금속 활자는 오래 보관할 수 있었고, 낱개의 활자를 조합해 책을 찍어 냈기 때문에 여러 종류의 책을 만들 수 있었어요. 1377년에 청주 흥덕사에서 찍어 낸『직지심체요절』은 지금까지 남아 있는 책 중 세계에서 가장 오래된 금속 활자 인쇄본이랍니다.

〈낱말 풀이〉 **다각 다층탑** 탑 몸에서 평평한 부분의 모서리가 여러 개이고, 층도 여러 개인 탑.
불화 부처님의 모습이나 불교에 관한 내용을 그린 그림.
옻칠 가구나 나무 그릇 따위에 윤을 내기 위하여 옻나무에서 나오는 진을 바르는 일.
초조대장경 고려 현종 때 거란의 침입을 물리치기 위해 만든 우리나라 최초의 대장경.
재조대장경 고려 고종 때 몽골의 침입을 물리치기 위해 만든 대장경. 팔만대장경이라고도 불림.

연결하여 읽기 **2** **고려의 불교 예술과 특징을 알맞게 선으로 연결하세요.**

(1) 「수월관음도」 • • ㉠ 돌로 만든 대형 불상

(2) 영주 부석사 무량수전 • • ㉡ 원의 영향을 받은 불탑

(3) 개성 경천사지 십층 석탑 • • ㉢ 배흘림기둥으로 된 사찰 건축물

(4) 논산 관촉사 석조 미륵보살 입상 • • ㉣ 지배층의 평안을 기원하는 불화

자세히
읽기

3 고려 시대에 발달한 불교 예술에 대한 설명으로 알맞지 <u>않은</u> 것을 고르세요. (   )

① 원의 영향을 받은 탑도 만들어졌다.

② 지방에서는 돌로 만든 대형 불상이 많이 만들어졌다.

③ 고려 시대에는 불교가 번성하여 사찰도 많이 지어졌다.

④ 통일 신라의 양식을 따른 불상과 석탑은 유행하지 않았다.

⑤ 고려 시대에는 왕실이나 문벌 가문의 후원을 받아 불화가 많이 그려졌다.

깊이
읽기

4 이 글과 〈보기〉를 읽고, 고려의 공예에 대한 설명으로 알맞은 것을 고르세요. (   )

〈보기〉

고려의 공예 기술과 공예품

상감 청자	은입사	나전 칠기

▲ 청자 상감 운학무늬 매병　　▲ 청동 은입사 물가 풍경 무늬 정병　　▲ 나전 모란넝쿨무늬 경함

상감 기법을 적용한 독창적인 청자는 주전자나 베개 등 다양한 생활용품으로 만들어졌습니다.

금속 공예에서는 은입사 기법이 발달하여 매우 정교한 물품이 만들어졌습니다.

목공예품인 나전 칠기는 표면에 옻칠을 하여 오래 사용할 수 있었고, 무늬가 섬세하고 정교하여 인기가 높았습니다.

---

① 나전 칠기는 금속 공예품이다.

② 은입사 기법은 목공예 기술이다.

③ 고려의 공예 기술은 매우 섬세하고 정교했다.

④ 상감 청자는 생활용품으로는 만들어지지 않았다.

⑤ 고려는 처음부터 상감 기법으로 청자를 만들었다.

5 다음 구조도를 보며 이 글의 내용을 정리해 보고, 빈칸에 알맞은 말을 쓰세요.

고려의 문화와 예술

고려의 불교 예술	고려의 공예	고려의 인쇄술
- 불상: 논산 관촉사 석조 미륵보살 입상 등 - 　　　: 영주 부석사 무량수전 등 - 　　　: 개성 경천사지 십층 석탑 등 - 불화: 「수월관음도」 등	- 고려청자: 12세기 이후부터 　　　 기법의 청자를 만듦. - 금속 공예: 은입사 기법이 발달함. - 목공예: 나전 칠기가 발달함.	- 　　　 인쇄술: 초조대장경과 팔만대장경을 만듦. - 금속 활자: 세계 최초로 금속 활자를 발명했으며, 『직지심체요절』은 세계에서 가장 오래된 금속 활자 인쇄본임.

6 이 글과 다음 자료를 보고, 물음에 답하세요.

(1) 다음 ㉠과 ㉡에 알맞은 인쇄술을 쓰세요.

> 고려는 국가 차원에서 대장경을 펴내면서 높은 수준의 (㉠) 인쇄술이 발달했습니다. 이를 바탕으로 세계 최초로 (㉡)를 발명했습니다.

㉠ _____   ㉡ _____

(2) 고려가 초조대장경과 팔만대장경을 만든 까닭을 쓰세요.

_____

불교 경전을 정리하여 초조대장경과 팔만대장경을 만들었습니다.

_____

그림으로 만나는
개념

고려 전기의 대외 교류

송을 비롯한 여러 나라와 교류

송과 가장 활발하게 교류하고
거란, 여진 등 북방 민족과
일본 및 아라비아 상인과도 교류함

벽란도

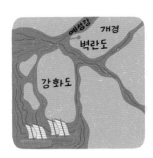

여러 나라 상인이 드나들면서
벽란도가 국제 무역항으로
널리 알려짐

문장으로 다지는
어휘

대외 교류	**송**	**벽란도**	**무역항**
(대할대 바깥外 사귈교 흐를류) 다른 나라와 서로 오감.	10세기부터 13세기까지 중국에 있던 나라. 당나라가 망한 뒤 나뉘어 있던 중국을 다시 통일함.	(푸를벽 물결란 건널도) 고려 시대에 예성강 하구에 있던 국제 무역항. 도읍인 개경 가까이에 있어 무역의 중심지가 됨.	(무역할무 바꿀역 항구항) 다른 나라의 배가 드나들면서 물건을 사고팔 수 있도록 강가나 바닷가에 만든 시설.

고려는 건국 초부터 주변 나라와 활발하게 **대외 교류**를 했어요.

 특히 [ ]과 활발하게 교류하며 송의 문물을 적극적으로 받아들였어요.

거란, 여진, 일본, 아라비아 상인과도 교류했어요.

[ ]는 여러 나라의 상인이 드나들면서 국제 [ ]으로 널리 알려졌어요.

고려는 주변 나라와 활발하게 교류했어요.
송을 비롯하여 원과도 활발하게 교류했어요.
특히 벽란도는 국제 무역항으로 널리 알려졌어요.

고려 후기, 원과의 교류

몽골풍

변발

설렁탕

몽골에서 전해진 풍습이
고려에서 유행함

몽골(원)

고려양

고려 옷

상추쌈

고려에서 전해진 풍습이
원에서 유행함

원
몽골의 쿠빌라이 칸이 1271년에 세운 나라. 13세기 중반부터 14세기 중반까지 힘을 떨침.

몽골풍 (- 풍속풍)
원 간섭기에 고려에서 유행한 몽골의 풍습. 몽골식 머리 모양, 옷, 음식 등이 고려에서 유행함.

고려양 (- 모양양)
원나라에서 유행하던 고려의 음식이나 옷 따위의 풍속을 원나라에서 이르던 말.

고려는 후기에 **몽골(원)**의 간섭을 받았어요.

⭐ 원 간섭기에 고려와 **원**은 활발하게 교류했어요.

고려에서는 몽골에서 전해진 변발, 설렁탕과 같은 [   ]이 유행했어요.

또한 몽골에서는 고려에서 전해진 고려 옷, 상추쌈과 같은 [   ]이 유행했어요.

고려는 송, 원 등과 교류했어요.

▼ 다음 글을 읽고 물음에 답하세요.

고려 전기의 대외 교류

고려는 건국 초부터 주변 나라와 활발하게 교류했어요. 사신이 오가거나 물건을 서로 사고팔았지요. 고려와 가장 활발하게 교류한 나라는 중국의 송이었어요. 고려는 건국 초에 송의 통치 체제를 참고하여 국가 체제를 정비했고, 사신과 학자, 승려 등을 송으로 보내 문물을 받아들였어요. 특히 청자 제작 기술과 궁중 음악 등이 송의 영향을 받아 발달했어요. 고려는 송으로부터 비단, 서적, 자기 등 주로 지배층이 필요로 하는 물품을 수입했으며, 금과 은, 인삼 등을 수출했어요.

한편 고려는 전기에 거란, 여진 등의 북방 민족과도 교류를 이어 나갔어요. 거란의 공격을 물리친 후 고려는 거란과 친선* 관계를 맺고 교류했어요. 거란에서 들여온 대장경은 이후 고려에서 대장경을 만들 때 도움이 되었어요. 여진과는 식량이나 농기구를 수출하고 말과 모피* 등을 수입하며 교류를 이어 갔어요.

벽란도

고려와 송은 주로 바닷길을 이용하여 교류했어요. 이때 개경과 가까운 예성강 하구의 벽란도가 교류의 중심지가 되었어요. 송의 상인뿐만 아니라 여진, 일본, 아라비아 상인들까지 드나들면서 벽란도가 국제 무역항으로 널리 알려졌어요. 아라비아 상인들은 벽란도를 통해 개경에 들어와 수은*, 향료 등을 팔고, 금, 비단 등을 사 갔어요. 당시 아라비아 상인들이 고려를 '코리아'로 부르면서 우리나라가 세계에 '코리아'라는 이름으로 알려지게 되었답니다.

▲ 벽란도

바르게 읽기

1 이 글의 내용으로 알맞은 것에 ○표, 알맞지 않은 것에 ✕표를 하세요.

(1) 고려와 가장 활발하게 교류한 나라는 송이다. ( )

(2) 고려는 거란, 여진 등의 북방 민족과는 교류하지 않았다. ( )

(3) 고려와 송은 주로 바닷길을 이용했으며, 벽란도가 교류의 중심지가 되었다. ( )

(4) 원과의 교류로 고려에서는 고려양이 유행하고, 원에서는 몽골풍이 유행했다. ( )

고려는 몽골과의 전쟁 이후 정치적으로 원의 간섭을 받으며 오랫동안 원과 교류했어요. 많은 사람이 두 나라를 오가면서 고려에서는 몽골식 풍습인 몽골풍이, 원에서는 고려의 풍습인 고려양이 유행했지요. 고려에는 머리 모양을 원나라 사람처럼 변발*로 하는 사람이 늘어났고, 원의 음식인 설렁탕과 만두, 소주 등도 유행했어요. 반대로 원의 상류층에서는 고려의 옷이 유행했고, 상추쌈, 떡과 같은 고려의 음식도 원에 전해졌어요.

고려는 원을 통해 앞선 기술과 문화를 받아들이기도 했어요. 문익점은 원에서 목화씨를 가져와 고려에서 재배하는 데 성공했어요. 그 결과 사람들이 솜옷을 입고 솜이불을 사용하게 되는 등 백성의 의생활에 큰 변화를 불러왔지요. 최무선은 원의 화약 기술을 익히고 새로운 무기를 개발해 왜구를 물리치는 데 활용하기도 했어요. 그뿐만 아니라 고려 말에 안향이 원으로부터 성리학을 받아들이는 등 원과의 교류는 고려의 사상과 학문 발전에도 큰 영향을 끼쳤어요.

〈낱말 풀이〉 **친선** 서로 간에 친밀하여 사이가 좋음.
모피 털이 그대로 붙어 있는 짐승의 가죽.
아라비아 상인 아시아와 유럽, 아프리카 북부에 걸쳐 무역 활동을 하던 이슬람 상인.
수은 보통 온도에서 액체로 있는 은빛 금속. 온도계, 수은등 같은 것을 만드는 데 쓰임.
변발 앞쪽의 머리카락을 모두 깎고 뒤쪽의 머리카락을 길게 땋아 늘인 남자의 머리 모양.

연결하여 읽기 **2** **고려가 교류한 나라와 교류한 물품이나 문물을 알맞게 선으로 연결하세요.**

(1) 송 •   • ㉠ 말, 모피

(2) 원 •   • ㉡ 수은, 향료

(3) 여진 •   • ㉢ 목화와 화약 기술

(4) 아라비아 상인 •   • ㉣ 청자 제작 기술과 궁중 음악

3 고려와 원과의 교류에 대한 설명으로 알맞은 것을 고르세요.　　　　　　（　　　　）

① 고려 초에 원으로부터 성리학을 받아들였다.

② 원에서 상추쌈, 떡과 같은 고려양이 유행했다.

③ 문익점이 원에 목화 재배 기술을 가르쳐 주었다.

④ 고려는 몽골과의 전쟁 이후 원과 교류하지 않았다.

⑤ 고려의 음식인 설렁탕과 만두, 소주 등이 원에서 유행했다.

4 이 글과 〈보기〉를 읽고, 벽란도에 대한 설명으로 알맞지 <u>않은</u> 것을 고르세요.　　（　　　　）

〈보기〉

벽란도

　벽란도는 예성강 하구에 있던 항구입니다. 예성강은 물이 깊고 수도인 개경과 가까워 해상 교통이 발달하기에 좋았습니다. 처음에는 '예성항'으로 불렀지만, 점차 외국 상인이나 사신들이 머물던 건물인 벽란정의 이름을 따 벽란도라고 부르게 되었습니다.

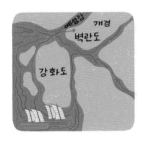

벽란정

　벽란정은 예성강의 강 언덕에 있다. … 송 사신이 탄 배가 강 언덕에 도착하면 군인들이 징과 북으로 환영하고 송 사신을 안내하여 벽란정으로 들어간다.

- 『고려도경』

---

① 벽란도에는 송의 사신과 상인만 드나들었다.

② 고려 시대에 벽란도는 국제 무역항으로 널리 알려졌다.

③ 고려와 송은 주로 바닷길로 교류했으며 송의 사신이 벽란도로 왔다.

④ 벽란도를 거쳐 간 상인들에 의해 고려가 '코리아'라는 이름으로 알려졌다.

⑤ 벽란도는 개경과 가까운 예성강 하구에 있어서 해상 교통이 발달하기에 좋았다.

5 다음 구조도를 보며 이 글의 내용을 정리해 보고, 빈칸에 알맞은 말을 쓰세요.

고려 전기의 대외 교류	고려 후기, 원과의 교류

고려 전기의 대외 교류

〈송과 여러 나라〉

- ▢▢▢ : 가장 활발하게 교류했으며 청자 제작 기술 등을 받아들임.
- 거란: 대장경을 들여옴.
- 여진: 식량, 농기구 등을 수출함.

〈벽란도〉

- 개경과 가까운 ▢▢▢▢ 하구에 위치함.
- 송, 여진, 일본 및 아라비아 상인까지 드나들며 국제 무역항이 됨.

고려 후기, 원과의 교류

- 고려에서 ▢▢▢▢ 이, 원에서 고려양이 유행함.
- 문익점이 원에서 목화를 가져와 재배에 성공함.
- 최무선이 원의 ▢▢▢▢ 기술을 익힘.
- 고려 말에 성리학을 받아들임.

6 이 글과 다음 자료를 보고, 물음에 답하세요.

ⓐ
변발   설렁탕

ⓑ
고려 옷   상추쌈

(1) 그림의 ㉠과 ㉡에 알맞은 말을 쓰세요.

㉠ _____   ㉡ _____

(2) ㉠과 ㉡이 어디에서 유행했는지 쓰세요.

많은 사람이 고려와 원을 오가면서
_____

_____

고려 사람들의 생활 모습

신분과 생활

신분과 생활
├─ 양인
│   ├─ **귀족**
│   ├─ ① ☐☐☐
│   │   고려 시대 양인 계급
│   │   중에서 귀족 아래 신분.
│   └─ **양민**
│   ② ☐☐
│   고려 시대에 가장
│   낮은 신분의 백성.
└─ 천인

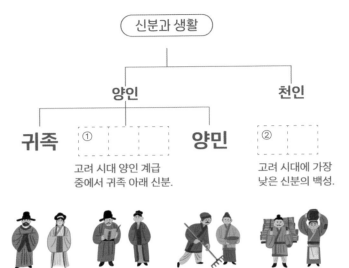

가족 생활

일부일처제   ③ ☐☐☐☐

아내가 본디 살던 집에
남편이 들어가 삶.

고려의 종교와 사상

종교

① ☐☐**의 융성**

부처의 가르침을 따르는 종교.

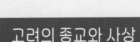

의천

지눌

사상

② ☐☐**의 발달**

중국 공자의 가르침을
바탕으로 삼는 학문.

성리학 수용

역사서

김부식의 『삼국사기』

일연의 『삼국유사』

고려의 예술과 기술

불교 예술

불상, 사찰, 불탑, 불화 등

공예

① ☐ ☐ ☐ ☐

고려 시대에 만들어진 푸른 빛의 청자.

인쇄술

목판 인쇄술

② ☐ ☐ ☐ ☐

네모기둥 모양의 금속 윗면에 글자 등을 볼록 튀어나오게 새긴 것.

고려의 대외 교류

고려 전기의 대외 교류

송, 거란, 여진, 일본, 아라비아 상인과 교류

① ☐ ☐ ☐

고려 시대에 예성강 하구에 있던 국제 무역항.

고려 후기, 원과의 교류

② ☐ ☐ ☐

원 간섭기에 고려에서 유행한 몽골의 풍습.

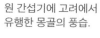

③ ☐ ☐ ☐

원나라에서 유행하던 고려의 음식이나 옷 따위의 풍속을 원나라에서 이르던 말.

탐구 주제 1   고려 사람들의 가족 생활은 어땠을까?

〈자료 1〉 **고려 시대의 혼인 형태**

박유가 왕에게 글을 올려 말했다. "전하, 오랜 전쟁으로 남자가 많이 죽어서 결혼을 하지 못하는 여자가 많습니다. 그런데도 처를 하나 두는 데 그치고 있습니다. 여러 부인을 둘 수 있도록 하소서." 여인들이 이 소식을 듣고 박유를 원망하였다. … 때마침 박유가 지나갈 때 한 여인이 "여러 부인을 두자고 한 자가 바로 저 몹쓸 늙은이다."라고 하자 사람들이 모두 손가락질을 하였다. 당시 관리들 중에는 처를 무서워하는 자가 있어 그 논의를 하지 못하게 했고, 결국 시행되지 못했다.

- 『고려사』

〈자료 2〉 **고려 시대의 재산 상속**

나익희의 어머니가 재산을 나누어 주면서 아들 나익희에게 노비 40명을 더 주려고 하자, 나익희가 받지 않겠다고 하면서 "어찌 1남 5녀의 사이에서 제가 더 받아 여러 자녀들에게 골고루 베푸시는 어머니의 뜻을 어지럽힐 수 있겠습니까?"라고 하였다. 그러자 그 어머니가 의롭게 여겨 그대로 따랐다.

- 『고려사』

1 〈자료 1〉과 〈자료 2〉를 읽고, 다음 (   ) 안에 알맞은 말을 골라 ○표 하세요.

고려 시대의 혼인 형태	한 남편과 한 아내가 부부를 이루는 ㉠ (일부다처제 / 일부일처제)가 일반적 이었다.
고려 시대의 재산 상속	부모가 재산을 자식에게 물려줄 때 딸과 아들이 ㉡ (균등하게 / 불균등하게) 상속받았다.

2 〈자료 2〉를 바탕으로 고려 여성이 가족 안에서 어떤 위치에 있었는지 다음 핵심어를 모두 넣어 쓰세요.

핵심어   (남성) (평등)

『삼국사기』와 『삼국유사』는 어떤 다른 특징이 있을까?

<자료 1> 김부식의 『삼국사기』

신라의 박씨와 석씨는 모두 알에서 태어났다. 김씨는 금으로 만든 궤짝 안에 들어가 하늘에서 내려왔다거나 혹은 금수레를 타고 왔다고 한다. 이는 너무 이상해서 믿을 수 없다. -『삼국사기』

이자겸의 난과 서경 천도 운동 이후에 약해진 왕권을 세우려고 이 책을 펴냈지요. 그래서 유교에서 중요시하는 충, 효 같은 도덕을 강조하고, 유교적 역사관에 따라 사실로 보기 힘든 설화나 신화는 줄였어요.

김부식

<자료 2> 일연의 『삼국유사』

제왕이 일어날 때는 하늘의 뜻을 받들기 때문에 보통 사람과 다른 점이 있게 마련이다. 그러므로 삼국의 시조가 모두 신비스럽게 태어난 것이 어찌 이상하다고 할 수 있겠는가? -『삼국유사』

몽골과의 오랜 전쟁으로 많은 불교 기록이 불타 없어진 것이 안타까워 이 책을 펴냈지요. 제가 승려라서 불교를 바탕으로 썼고, 고조선 건국 이야기라든가 사람들 사이에 전해지는 설화나 신화 등 우리 고유의 이야기를 담았어요.

일연

1 〈자료 1〉과 〈자료 2〉를 읽고, ㉠~㉢에 알맞은 말을 찾아 쓰세요.

	『삼국사기』	『삼국유사』
쓴 사람	김부식	(㉠)
바탕이 된 사상	(㉡)	(㉢)
설화와 신화	설화나 신화는 줄였다.	설화나 신화도 담았다.

2 〈자료 1〉과 〈자료 2〉를 바탕으로 『삼국사기』와 『삼국유사』에 쓰인 삼국의 시조 이야기에 대한 평가가 어떻게 다른지 다음 문장 형식에 맞추어 쓰세요.

문장 형식　『삼국사기』에서는 ~ 했고, 『삼국유사』에서는 ~ 했습니다.

『삼국사기』와 『삼국유사』에 모두 삼국의 시조 이야기가 적혀 있습니다. 그런데

고려의 인쇄술은 얼마나 발달했을까?

〈자료 1〉 **팔만대장경**

　거란의 침입 때 만든 초조대장경 목판이 몽골의 침입으로 불타자, 최씨 무신 정권은 불교 경전을 담은 대장경을 다시 만들었습니다. 팔만대장경판에는 5천만 자가 넘는 글자를 일정한 글씨체로 새겼는데, 잘못된 글자가 거의 없이 정확하여 고려 목판 인쇄술의 높은 수준을 보여 줍니다.

〈자료 2〉 **『직지심체요절』**

　고려 후기에는 금속 활자를 만들어 사용했습니다. 1234년에 『상정고금예문』을 금속 활자로 인쇄했다는 기록이 있으나 지금은 남아 있지 않습니다. 1377년에 인쇄한 『직지심체요절』은 지금까지 남아 있는 책 중 세계에서 가장 오래된 금속 활자 인쇄본으로 인정받고 있습니다.

〈자료 3〉 **목판 인쇄술과 금속 활자 인쇄술**

　목판 인쇄술은 나무에 글씨를 새긴 후 종이에 찍어 내는 기술입니다. 하나의 판에 글씨를 새겨 여러 장의 인쇄물을 찍어 낼 수 있습니다. 하지만 부서지거나 갈라지는 단점이 있어 오래 보관하기가 힘듭니다.

　금속 활자 인쇄술은 납이나 구리 같은 금속으로 한 글자씩 활자(글자 틀)를 만들고 이를 조합한 뒤, 판에 꽂아 찍어 내는 방식입니다. 금속 활자는 단단하고 변형이 적어 여러 번 사용할 수 있습니다. 또한 여러 글자를 조합하여 다양한 인쇄물을 만들 수 있어서 좋습니다.

1 〈자료 1〉과 〈자료 2〉를 읽고, ㉠~㉢에 알맞은 말을 찾아 쓰세요.

> 　고려는 국가 차원에서 (　㉠　) 서적을 펴내면서 높은 수준의 인쇄술이 발달했습니다. 팔만대장경과 같은 높은 수준의 (　㉡　) 인쇄술을 바탕으로 세계 최초로 (　㉢　)를 발명할 수 있었습니다.

㉠ (　　　　　　) ㉡ (　　　　　　　) ㉢ (　　　　　　　)

2 〈자료 3〉을 바탕으로 금속 활자의 장점을 다음 핵심어를 모두 넣어 쓰세요.

핵심어　(변형) (여러 번 사용) (조합) (다양한 인쇄물)

- -

- -

고려 전기에 대외 교류는 어떻게 이루어졌을까?

〈자료 1〉 고려 전기의 대외 교류

여진에 식량과 농기구를 수출하고 말과 모피를 수입했다.

일본 상인들이 벽란도에 와서 흥왕사에 예물을 바치고 왕의 장수를 빌었다(1079년). - 『고려사』

거란과는 100여 년 동안 매년 사신이 오가며 교류했다.

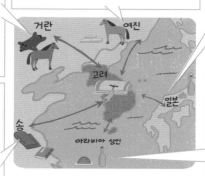

고려는 상인뿐 아니라 많은 유학생과 승려를 송에 보내 송의 문물과 제도를 받아들였다.

대식국(아랍)의 상인들이 벽란도에 와서 토산물을 바치니, 그들이 돌아갈 때 금과 비단을 내렸다(1040년). - 『고려사』

〈자료 2〉 국제 무역항 벽란도

벽란도는 (㉠) 하구에 있던 항구입니다. 예성강은 도읍지인 (㉡)과 가까이 있었고, 물이 깊어 강 어귀에서 약 20리 되는 벽란도까지 큰 배가 드나들 수 있어서 해상 교통이 발달하기 좋았습니다.

1 〈자료 1〉을 읽고, 고려 전기에 고려와 교류한 곳을 모두 찾아 쓰세요.

(　　　　　 , 　　　　　 , 　　　　 , 일본, 아라비아 상인)

2 〈자료 2〉의 지도를 보고, ㉠과 ㉡에 알맞은 말을 쓰세요.

㉠ (　　　　　) ㉡ (　　　　　)

3 벽란도가 국제 무역항으로 번성할 수 있었던 까닭을 다음 문장 형식에 맞추어 쓰세요.

문장 형식　벽란도는 도읍지인 ~ 있었고, ~ 있었기 때문입니다.

고려 사람들의 생활 속에는 어떤 종교와 사상이 함께했을까요?

고려 사람들의 생활 속에는 다양한 종교와 사상이 함께 어우러져 있었어요.
불교가 생활 깊숙이 스며들어 있었지만 토속 신앙과 도교, 풍수지리설도 함께 유행했답니다.

불교가 생활 속에 스며들어 있었어요.

고려 시대에 불교는 종교를 넘어서 사람들의 일상생활에서 늘 함께했어요. 사람들은 복을 빌기 위해 절을 찾았으며, 죽어서는 절에서 장례를 치렀어요. 유학을 공부한 학자도 어린 시절에는 종종 절에서 공부를 했고, 아들을 여럿 둔 집안에서는 스님이 되려고 출가한 아들이 하나씩 있을 정도였어요. 고려 사람들은 불교를 정신적 기둥으로 삼았기에 삶이 힘들 때나 나라가 위태로울 때 부처를 찾았답니다.

토속 신앙이 한데 어우러졌어요.

고려 사람들의 생활 속에는 불교와 함께 토속 신앙도 자리 잡고 있었어요. 나라의 평안함을 빌던 불교 행사인 팔관회를 보면 알 수 있어요. 팔관회 행사에서는 하늘 신, 강 신, 산신, 용신 등 불교와는 관련 없는 토속 신을 함께 섬기며 복을 빌었어요. 나라에서 여는 큰 불교 행사였지만 유교, 도교, 풍수지리설, 민간 신앙의 특징이 한데 섞여 있었지요.

도교가 지배층 사이에서 유행했어요.

삼국 시대부터 전해진 도교는 불로장생, 즉 영원히 늙지 않고 오래 사는 것을 꿈꿨어요. 특히 도교는 고려의 왕실을 비롯한 지배층 사이에서 유행하여 개경의 송악산과 서경에는 도교식으로 제사를 지내는 사당을 세우기도 했어요. 도교의 신들에게 나라가 평안하고 왕실이 번영하기를 빌었다고 해요.

풍수지리설에 따라 좋은 땅을 찾았어요.

고려 시대에는 풍수지리설도 유행했어요. 신라 말에 널리 퍼진 풍수지리설은 땅의 모양새나 방향에 따라 사람의 생활에 좋은 일 혹은 나쁜 일이 일어날 수 있다고 말해요. 고려 사람들은 풍수지리설에 따라 도읍을 정하거나 궁궐, 절, 묘지 등의 터를 정했어요. 묘청이 서경으로 도읍을 옮겨야 한다고 주장할 때도 풍수지리설이 바탕이 되었어요.

이어지는
4권에서
'조선 전기'를 만나요!

자료 출처

1장 본책 62쪽 / 척경입비도(고려대학교 박물관)
2장 본책 108쪽 / 조반 부부 초상(국립중앙박물관)
2장 본책 115쪽 / 삼국사기(국립중앙박물관)
4장 본책 120쪽 / 수월관음도(한국학중앙연구원)

- 본책에 수록된 일러스트 및 지도는 발행사에서 저작권을 가지고 있는 자료입니다.
- 본책에 수록된 사진 중 국립중앙박물관, 한국학중앙연구원 출처의 사진은 공공누리 제1유형으로 개방한 저작물입니다.

인용 출처

1장 본책 32쪽 / 고려 시대의 관직 임용 경로 _ '『고려사』에 나오는 인물 통계 자료'는『새로 쓴 오백년 고려사』(박종기 저)에서
인용하였습니다.

일러두기

- 본 교재에 있는 낱말 뜻풀이 일부는 국립국어원의 <표준국어대사전>과 <한국어기초사전>을 인용하였습니다.
- 맞춤법과 띄어쓰기는 국립국어원의 <표준국어대사전>을 기준으로 삼되, 초등학교와 중학교 교과서 표기를 참고했습니다

어휘

신라 말에 견훤이 후백제를, 궁예가 후고구려를 세워 후 삼 국 이 이뤄졌어요.

그러다 궁예의 신하였던 **왕건**이 궁예가 쫓겨난 후 고 려 를 세웠어요.

힘이 약했던 신 라 는 스스로 고려에 항복했고, 이후 고려가 후 백 제 를 물리쳤어요.

이로써 고려는 후 삼 국 통 일 을 이뤄 냈어요.

태조 왕건은 북 진 정 책 을 펼쳐 영토를 넓히고 고구려 옛 땅을 되찾으려 했어요.

태조는 신라, 후백제의 백성과 발 해 유민까지 받아들이며 민족 통합 정책을 펼쳤어요.

태조는 지방에서 힘을 떨치던 호 족 을 자기편으로 만드는 정책을 펼쳤어요.

태조는 후대 왕들이 나라를 다스리는 데 새겨야 할 말을 훈 요 1 0 조 로 남겼어요.

독해

1. (1) × (2) × (3) ○ (4) ○

×표 답 풀이

(1) 견훤이 후백제를 세웠고, 궁예가 후고구려를 세웠다.

(2) 고려의 힘이 커지자 신라는 고려에 스스로 항복했다. 후백제는 왕위 다툼으로 혼란해져 있을 때 고려에 의해 멸망했다.

2. (3) → (2) → (4) → (1)

정답 풀이

(3) 통일 신라 말 후백제와 후고구려의 건국으로 후삼국이 성립했다. → (2) 왕건이 고려를 건국했다. → (4) 신라가 고려에 항복하고 후백제가 고려에 의해 멸망했다. → (1) 고려가 후삼국을 통일했다.

3. ⑤

정답 풀이

⑤ 태조 왕건은 민족 통합을 위해 신라와 후백제의 백성뿐만 아니라 발해 유민까지 백성으로 받아들였다.

4. ③

정답 풀이

③ <보기>의 사심관 제도와 기인 제도는 태조 왕건이 호족 세력을 억누르기 위해 펼친 정책이다. 따라서 호족 세력을 포섭하여 호족의 힘을 키울 수 있었다는 것은 잘못된 설명이다.

5.

고려 건국과 후삼국 통일	태조 왕건의 정책
후백제, 후고구려, 신라의 후삼국 성립 ↓ 고 려 건국(918) ↓ 신 라 항복(935) ↓ 후백제 멸망, 후 삼 국 통 일 (936)	- 옛 고구려 영토를 되찾고자 북 진 정책을 펼침. - 신라와 후백제의 백성과 발해의 유민까지 받아들이는 민족 통합 정책을 펼침. - 호 족 세력을 포섭하거나 억누르는 정책을 펼침. - 후대 왕들이 지켜야 할 가르침을 훈 요 1 0 조 로 남김.

6. (1)

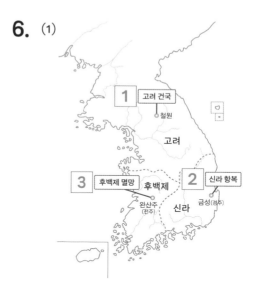

(2) 모범 답안

고려의 후삼국 통일은 나라가 망한 신라와 후백제의 백성뿐 아니라 **발해의 유민까지 백성으로 받아들이는 민족 통합 정책을 펼쳤다는 점에 역사적 의의가 있습니다.**

어휘

태조가 죽은 뒤 왕권이 약해졌을 때 왕위에 오른 **광종**은 왕권 강화에 힘썼어요.

광종은 [노][비][안][검][법]을 실시해 억울한 노비를 풀어 주고 호족의 경제력을 약화했어요.

광종은 [과][거][제]를 실시해 왕권을 뒷받침할 새로운 인재를 뽑았어요.

광종은 중국의 연호를 따르지 않고 독자적인 [연][호]를 사용하며 왕의 권위를 높였어요.

성종은 안정된 왕권을 바탕으로 통치 체제를 정비했어요.

성종은 「[시][무] [2][8][조]」를 받아들여 유교를 고려의 통치 이념으로 삼았어요.

성종은 지방의 주요 지역에 [지][방][관]을 파견해 호족의 권한을 줄였어요.

성종은 [국][자][감]을 설치해 유학을 가르치고 인재를 키웠어요.

독해

1. (1) ✕ (2) ○ (3) ✕ (4) ○

✕표 답 풀이

(1) 태조 왕건이 죽은 뒤 외척이 된 호족의 힘이 강해졌고, 지방에서는 여전히 호족이 권력을 휘두르고 있었다.

(3) 12목에 지방관을 파견하고, 최고 교육 기관인 국자감을 세운 것은 광종이 아니라 성종이다.

2. (1) (㉠, ㉢, ㉣) (2) (㉡, ㉤, ㉥)

정답 풀이

(1) 광종은 과거제를 도입하고(㉠), 노비안검법을 시행했으며(㉢), 관리들의 공복 색깔을 구분했다(㉣).

(2) 성종은 국자감을 설치하고(㉡), 유교를 나라의 통치 이념으로 삼았으며(㉤), 지방의 주요 지역에 지방관을 파견했다(㉥).

3. ①

정답 풀이

① 광종은 과거제를 실시하여 호족을 대신해 왕의 명령을 충실하게 따를 신하를 출신 가문이 아닌 유교 지식과 학문 능력에 따라 뽑고자 했다. 성종은 12목에 지방관을 파견했는데, 이를 통해 지방의 호족이 누리던 권한을 줄여 왕 중심의 통치 체제를 강화했다. 따라서 두 정책의 공통된 목적은 왕권을 강화하고 호족 세력을 약화하기 위한 것이다.

4. ④

정답 풀이

④ 성종은 「시무 28조」에 따라 유교를 나라의 통치 이념으로 삼았다.

5.

광종의 왕권 강화 정책	성종의 통치 체제 정비
- [노][비][안][검][법] 시행: 호족의 경제력과 군사적 기반을 약하게 함. - [과][거][제] 도입: 유교 지식과 학문 능력에 따라 시험을 쳐서 인재를 뽑음. - 공복 색깔을 구분함. - 독자적인 연호를 사용함.	- 최승로의 「시무 28조」를 받아들임. - [유][교]를 통치 이념으로 삼음. - 지방 12목에 [지][방][관]을 파견함. - 최고 교육 기관인 국자감을 세워 인재를 키움.

6. (1) **노비안검법**

(2) 모범 답안

광종은 **노비안검법을 호족의 경제력과 군사적 기반을 약하게 만들기** 위해 실시했습니다.

어휘

고려는 나라 전체를 다스리는 **중앙 정치 제도**를 정비했어요.

고려는 2 성 6 부를 두어 나랏일을 맡도록 했어요.

2성 가운데 중 서 문 하 성 이 정책을 결정하고, 상서성은 6부를 통해 정책을 집행했어요.

또한 도 병 마 사 와 식 목 도 감 같은 회의 기구를 따로 두어 나랏일을 논의했어요.

고려는 전국을 다스리는 **행정 제도**도 정비했어요.

고려는 전국을 5도, 양계, 경 기 로 나누었어요.

일반 행정 구역인 5 도 에는 서해도, 교주도, 양광도, 전라도, 경상도가 있었어요.

군사 행정 구역인 양 계 에는 북계와 동계가 있었어요.

독해

1. (1) ✕　(2) ○　(3) ○　(4) ✕

✕표 답 풀이

(1) 고려의 중앙 정치 제도는 당나라의 3성 6부를 참고했으나 고려의 실정에 맞게 고쳐 2성 6부로 운영되었다.

(4) 고려의 중앙군은 2군 6위이다. 2군은 궁궐과 왕실을 지키고, 6위는 개경과 국경 지방을 지켰다. 고려의 지방군은 주현군과 주진군으로, 주현군이 5도를 지키고, 주진군이 양계에서 외적의 침입을 막았다.

2. (1) - ㉠　(2) - ㉢　(3) - ㉣　(4) - ㉡

정답 풀이

(1) 상서성은 정책을 실제로 집행했다(㉠).

(2) 도병마사는 군사 문제를 의논하고 결정했다(㉢).

(3) 식목도감은 새로운 법이나 제도, 규칙을 만들었다(㉣).

(4) 중서문하성은 국가 정책을 세우고 결정했다(㉡).

3. ⑤

오답 풀이

① 전국을 5도, 양계, 경기로 나누어 다스렸다.

② 특수 행정 구역으로 향·부곡·소가 있었다.

③ 5도 아래에 군현을 두고 지방관을 파견하였다. 안찰사는 5도에 파견하였다.

④ 주현군, 주진군으로 만들어진 지방군은 5도와 양계를 지켰다. 중앙군인 2군 6위가 궁궐과 왕실, 그리고 개경과 국경 지방을 지켰다.

4. ②

정답 풀이

② 고려의 최고 관청은 중서문하성으로, 국가 정책을 세우고 결정하는 일을 맡았다. 도병마사와 식목도감은 국가의 중요 정책을 결정하는 회의 기구였다.

5.

고려의 중앙 정치 제도	고려의 행정 제도	고려의 군사 제도
- 2 성 : 중서문하성, 상서성 - 6부: 이부, 병부, 호부, 형부, 예부, 공부 - 중추원, 어사대, 삼사 - 도 병 마 사 : 군사 문제 회의 기구 - 식목도감: 법과 제도를 만드는 회의 기구	- 5도(일반 행정 구역) : 서해도, 교주도, 양광도, 전라도, 경상도 → 안찰사 파견 - 양계(군사 행정 구역) : 북계, 동계 → 병마사 파견 - 경 기 : 개경과 그 주변 지역	- 중앙군: 2군 6위 - 지방군: 주현군, 주진군

6. (1)

(2) **모범 답안**

고려는 전국을 **5도와 양계, 경기**로 나누어 다스렸습니다.

어휘

고려는 인재를 기르는 **교육 제도**를 세웠어요.

개경에 설치된 국 자 감 은 나라에서 세운 최고 교육 기관이었어요.

국자감에서는 유 학 을 가르쳐 관리로 뽑힐 인재를 길러 냈어요.

지방에도 향 교 를 두어 지역 학생들에게 유학을 가르쳤어요.

고려는 인재를 뽑는 관 리 등 용 제도도 정비했어요.

고려 시대에는 주로 **과거**와 **음서**로 관리를 뽑았어요.

과 거 는 시험을 쳐서 관리를 뽑는 제도예요.

왕족이나 높은 관리의 자손 등은 시험을 거치지 않고 음 서 로 관리가 될 수 있었어요.

독해

1. (1) ○ (2) ○ (3) ○ (4) ✕

×표 답 풀이

(4) 고려에서는 음서를 통해 출세하는 경우가 많았고 혜택도 컸다. 하지만 음서보다 과거에 합격하는 것을 더 명예롭게 생각했다.

2. (1) - ㉠ (2) - ㉣ (3) - ㉡ (4) - ㉢

정답 풀이

(1) 문과에서는 문관을 뽑았다(㉠).

(2) 무과는 거의 시행되지 않아 무예가 뛰어난 사람을 추천받아 뽑았다(㉣).

(3) 승과에서는 합격한 승려에게 승계를 내렸다(㉡).

(4) 잡과에서는 법, 의학, 지리 등 분야에서 기술관을 뽑았다(㉢).

3. ⑤

정답 풀이

⑤ 국자감에서는 유학을 비롯하여 기술학도 가르쳤다.

4. ⑤

정답 풀이

⑤ 고려 시대에는 법적으로 양인이면 누구나 과거 시험을 볼 수 있었다. 하지만 이규보의 이야기를 통해 과거에 합격하는 것이 쉽지 않았다는 것을 알 수 있다.

5.

고려의 교육 제도	고려의 관리 등용 제도	
- 유학 교육을 중요시함. - 국 자 감 : 개경에 세운 최고 교육 기관 - 향 교 : 지방에서 유학을 가르친 기관	**과 거** - 유교 경전의 이해 정도와 글솜씨를 시험 쳐서 관리를 선발함. - 문과, 잡과, 승과로 나누어 시험을 침. - 양인이면 누구나 시험을 칠 수 있었음.	**음 서** - 왕족이나 높은 관리의 자손들이 시험을 치르지 않고 관리가 됨. - 음서의 혜택을 받은 사람도 다시 과거 시험을 치는 경우가 많았음.

6. (1) 음서

(2) 모범 답안

음서는 왕족이나 높은 관리의 자손들이 시험을 치르지 않고 관리가 될 수 있는 제도입니다.

개념 정리

고려	① 후삼국 ② 고려 ③ 후삼국 통일
고려 초기 왕들의 정책	① 호족 ② 노비안검법 ③ 과거제 ④ 시무 28조 ⑤ 지방관
고려의 통치 체제	① 2성 6부 ② 5도, 양계
고려의 교육, 관리 등용 제도	① 국자감 ② 음서

탐구 독해

탐구 주제 1

1. ㉠ 7 ㉡ 1, 6

2. 모범 답안
태조 왕건은 나라가 안정되고 오랫동안 발전해 나가길 바라며 후대 왕들에게 올바른 국가 통치의 지침을 전해야 한다고 생각했기 때문에 「훈요 10조」를 남겼습니다.

탐구 주제 2

1. ㉠ 노비안검법
㉡ 호족
㉢ 과거제
㉣ 왕권

2. 모범 답안
성종은 최승로의 「시무 28조」를 받아들여 지방의 주요 지역에 지방관을 파견했습니다.

또한, 성종은 최승로의 「시무 28조」를 받아들여 유교를 통치 이념으로 삼았습니다.

탐구 주제 3

1. ㉠ 2성 ㉡ 6부

2. ㉠ 상서성 ㉡ 중서문하성

3. 모범 답안
도병마사에서는 군사 문제를 의논했습니다.

식목도감에서는 새로운 법이나 제도, 규칙 등을 만들었습니다.

탐구 주제 4

1. ㉠ 과거

2. 모범 답안
고려 시대에는 신라 시대보다 고위 관리가 될 수 있는 사람의 폭이 훨씬 넓어졌습니다.

어휘

고려 사회가 안정된 후 대를 이어 높은 벼슬을 한 집안이 　문　벌　 을 이루어 권력을 누렸어요.

문벌 출신 　이　자　겸　 은 난을 일으키면서 왕권을 위협하기도 했어요.

그 뒤 　묘　청　 등 서경 출신 세력이 　서　경　천　도　운　동　 을 벌여 고려를 개혁하려 했어요.

하지만 　김　부　식　 등 개경 세력의 반대로 실패했어요.

문벌 사회였던 고려는 　문　신　 을 중심으로 정치가 운영됐어요.

그래서 　무　신　 들은 문신들에 비해 차별 대우를 받았어요.

차별에 불만을 품은 무신들이 　무　신　정　변　 을 일으켰어요.

무신 정변 이후 백 년간 무신들이 권력을 잡은 　무　신　정　권　기　 가 이어졌어요.

독해

1. (1) ○   (2) ✕   (3) ✕   (4) ○

✕표 답 풀이

(2) 이자겸이 난을 일으켜 왕의 자리를 넘보았으나, 인종이 가까스로 진압했다.

(3) 묘청 등은 서경 출신 세력으로, 도읍을 개경에서 서경으로 옮길 것을 인종에게 건의했다.

2. (1) → (4) → (2) → (3)

정답 풀이

(1) 이자겸이 난을 일으켰다. → (4) 서경 출신 세력이 서경 천도를 건의했다. → (2) 묘청이 서경에서 반란을 일으켰다. → (3) 무신들이 정변을 일으켰다.

3. ④

오답 풀이

① 문벌은 문신 가문이 많았다.

② 문벌은 과거와 음서를 통해 관직을 얻었다.

③ 문벌은 왕실이나 다른 문벌과 결혼하여 세력을 넓혔다.

⑤ 이자겸의 난과 묘청의 서경 천도 운동 이후 고려 문벌 사회는 크게 흔들렸다.

4. ④

정답 풀이

④ 인종이 묘청의 건의를 수용한 것은, 이자겸의 난 이후 문벌 세력을 잠재우고 왕권을 높이려 했기 때문이다. 그래서 문벌에 반대하는 서경 세력과 손을 잡아 특정 문벌 세력이 정치를 좌지우지하지 않게 하려 했다. 따라서 서경 출신 세력을 등용한 것은 맞지만 이들을 새로운 문벌로 키우려던 것은 아니다.

5.

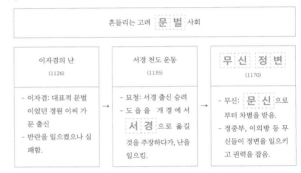

흔들리는 고려 　문　벌　 사회		
이자겸의 난 (1126)	서경 천도 운동 (1135)	무　신　정　변 (1170)
- 이자겸: 대표적 문벌 이었던 경원 이씨 가 문 출신 - 반란을 일으켰으나 실 패함.	- 묘청: 서경 출신 승려 - 도 읍 을 개경에서 　서　경　으로 옮길 것을 주장하다가, 난을 일으킴.	- 무신: 　문　신　으로 부터 차별을 받음. - 정중부, 이의방 등 무 신들이 정변을 일으키 고 권력을 잡음.

6. (1) **무신 정변**

(2) 모범 답안

문신에 비해 **무신이 차별 대우를 받았기 때문입니다.**

어휘

1170년 무신 정변으로 무신 정권 이 들어선 후 최고 권력자가 자주 바뀌었어요.

그러다 최충헌이 권력을 잡으면서 최씨 무신 정권 이 60여 년 동안 이어졌어요.

무신들은 **중방**에서 나랏일을 의논하다가 최충헌이 교정도감 을 만들어 권력을 휘둘렀어요.

최충헌의 아들 최우는 정방 을 만들어 관리를 뽑는 인사권을 휘둘렀어요.

무신 정권이 들어선 이후 **무신들의** 수탈 로 백성의 고통이 더욱 커졌어요.

심한 수탈을 견디다 못해 공주에서 망 이 · 망 소 이 형제가 들고일어났어요.

이어 경상도 지역에서 김 사 미 와 효 심 이 들고일어났어요.

이어 개경에서 노비였던 만 적 이 신분 해방을 외치며 들고일어났어요.

독해

1. (1) ○ (2) ✕ (3) ○ (4) ✕

✕표 답 풀이

(2) 최충헌이 권력을 잡은 뒤로 60여 년 동안 최씨 가문이 대를 물려 가며 무신 정권을 이끌었다.

(4) 무신 정권 초기에 무신끼리 벌인 권력 다툼으로 정치적 혼란이 계속되었다. 또한 무신 정권기에 무신들의 수탈로 백성의 생활은 더욱 어려워졌다.

2. (1) - ㉣ (2) - ㉡ (3) - ㉢ (4) - ㉠

정답 풀이

(1) 최우는 정방을 만들고 삼별초를 만들었다(㉣).

(2) 이의민은 천민 출신의 무신 집권자이다(㉡).

(3) 정중부는 이의방을 죽이고 권력을 잡았다(㉢).

(4) 최충헌은 교정도감을 만들었다(㉠).

3. ③

정답 풀이

③ 무신 지배층의 수탈에 맞서 농민과 천민이 봉기했지만 성공을 거두지 못했다.

4. ④

오답 풀이

① 최충헌은 왕을 뛰어넘는 권력을 누렸지만, 왕의 자리에 오른 것은 아니다.

② 최충헌은 교정도감이라는 통치 기구를 만들었다.

③ 최씨 무신 정권은 최충헌이 권력을 잡은 뒤로 60여 년간 이어졌다.

⑤ 이의방, 정중복, 경대승이 심한 권력 다툼을 벌인 것은 최충헌이 권력을 잡기 전 일이다.

5.

무신 정권	농민과 천민의 봉기
<최씨 무신 정권> 무신 정변(1170) 이후 무신들의 권력 다툼이 벌어짐. ↓ 최 충 헌 이 권력을 잡음. ↓ 최씨 무신 정권이 60여 년간 권력을 휘두름. <회의 기구> 중방 → 교정도감 → 교정도감 · 정방	- 망이 · 망소이 형제의 난: 특별 행정 구역에 대한 차별에 반발하여 공주 명 학 소 에서 봉기함. - 김사미와 효심의 난: 지방 관리의 수탈에 맞서 경상도에서 봉기함. - 만적의 난: 최충헌의 노 비 였던 만적이 신분 해방을 외치며 개경에서 봉기함.

6. (1)

(2) **모범 답안**

만적은 **신분 해방을 외치며 난을 일으켰습니다.**

어휘

고려는 건국 초에 중국의 [송] 과 가깝게 지내고 거란은 멀리했어요.

그러자 송과 대립하던 [거][란] 이 고려에 쳐들어왔어요.

거란의 **1차** 침입 때 **서희**가 거란의 장수 소손녕과 [외][교][담][판] 을 벌였어요.

서희는 송과 관계를 끊기로 약속하며 거란으로부터 [강][동][6][주] 를 확보했어요.

하지만 고려와 송이 계속 가깝게 지내자 거란이 **2차**로 쳐들어왔어요.

거란의 2차 침입에 맞서 **양규** 등이 활약하여 거란군을 물리쳤어요.

이어진 **3차** 침입에서는 강감찬이 [귀][주][대][첩] 으로 거란군을 물리쳤어요.

이후 고려는 북쪽에 [천][리][장][성] 을 쌓아 북방 민족의 침입에 대비했어요.

독해

1. (1)✕　(2)○　(3)✕　(4)○

✕표 답 풀이

(1) 고려는 건국 초 거란을 멀리하고 송과 친하게 지냈다.

(3) 거란의 3차 침입 때 강감찬이 귀주에서 거란군을 크게 무찔렀다. 거란의 2차 침입 때는 양규 등이 활약했다.

2. (3) → (2) → (4) → (1)

정답 풀이

(3) 거란이 고려를 1차로 침입했다. → (2) 1차 침입 때 서희가 외교 담판으로 강동 6주를 확보했다. → (4) 거란의 2차 침입 때 양규 등이 활약했다. → (1) 전쟁 후 고려가 개경 주변에 나성을 쌓았다.

3. ④

정답 풀이

④ 거란은 송을 무너뜨리고 중국 전체를 차지하려고 하고 있었고, 거란이 송을 공격하기 전에 고려와 송의 관계를 미리 끊고자 고려에 쳐들어온 것이다.

4. ⑤

〈보기〉에서 서희는 고려와 거란 사이에 여진이 가로막고 있어 거란과 교류하지 못하고 있으므로, 여진이 차지하고 있는 고구려 옛 땅을 고려가 되찾도록 거란이 도와준다면 거란과 국교를 맺겠다고 하였다.

정답 풀이

⑤ 외교 담판으로 고려는 압록강 동쪽의 여진을 몰아내고 영토를 늘릴 수 있었다.

5.

6.

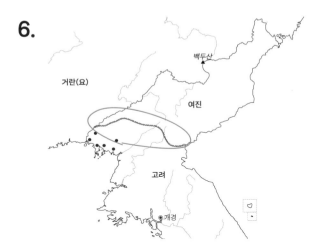

(2) 모범 답안

고려가 국경 지역에 천리장성을 쌓은 것은 **북방 민족의 침입에 대비하기** 위해서입니다.

고려를 부모의 나라로 섬기던 여 진 은 세력이 커지면서 고려와 자주 충돌했어요.

이에 고려 장수 **윤관**이 별 무 반 을 만들어 **여진 정벌**에 나섰어요.

그리고 여진을 공격하고 차지한 동 북 지역에 9 성 을 쌓고 고려 땅으로 삼았어요.

하지만 여진이 이 땅을 돌려 달라며 계속 요구하자 동북 9성을 **반환**했어요.

그 후 여진은 세력이 더욱 커져 금 을 세웠어요.

금은 고려에 군 신 관 계 를 강요했어요.

당시 권력을 잡고 있던 이 자 겸 은 금과의 충돌을 피하고자 했어요.

결국 고려는 금의 **사대** 요구를 받아들이고 금을 섬기게 되었어요.

1. (1) ○ (2) ✕ (3) ✕ (4) ○

✕표 답 풀이

(2) 고려가 1104년에 여진을 먼저 공격했을 때, 여진의 강력한 기병 부대를 이기지 못하고 여러 차례 패했다.

(3) 윤관은 별무반을 만들어 다시 여진 정벌에 나섰고 여진을 물리쳤다.

2. (4) → (1) → (2) → (3)

정답 풀이

(4) 여진이 고려 국경을 자주 쳐들어왔다. → (1) 윤관이 여진을 정벌하여 동북 9성을 쌓았다. → (2) 여진이 금을 세우고 고려에 군신 관계를 맺자고 강요했다. → (3) 이자겸 등이 금의 요구를 받아들여 금과 사대 관계를 맺었다.

3. ③

오답 풀이

① 여진은 기병 부대가 강력했다.

② 힘이 강해진 여진은 나라를 세우고 나라 이름을 '금'이라고 했다.

④ 여진은 금을 세운 후 고려에게 군신 관계를 강요했고, 고려가 이를 받아들여 고려가 금을 받들어 섬기게 되었다.

⑤ 여진이 고려의 북동쪽에 흩어져 살 때는 고려에게 특산물을 바치며 고려를 부모의 나라로 섬겼다.

4. ④

〈보기〉에서 '현종 2년'의 기록은 여진이 고려에게 특산물을 바치는 내용이다. '예종 12년'의 기록은 금이 고려에게 형제 관계를 맺자고 하는 내용이다. '인종 4년'의 기록은 이자겸이 금의 사대 요구를 받아들여야 한다고 말하는 내용이다.

정답 풀이

④ 이자겸 등은 신하들의 의견을 따르지 않고 금의 사대 요구를 받아들였다.

5.

고려의 여 진 정벌

여진이 힘을 키우면서 고려 국경을 자주 쳐들어옴.
↓
고려가 여진 정벌에 나섰으나 여러 차례 패함(1104).
↓
윤 관 이 별무반을 이끌고 다시 여진 정벌에 나섬(1107).
↓
동 북 9 성 을 쌓아 고려의 영토로 삼음.
↓
동북 9성을 여진에게 반환함(1109).

금(여진)과 사대 관계

여진이 금 을 세우고 고려에게 군신 관계를 요구함.
↓
이자겸 등이 금의 요구를 받아들임(1126).

6. (1) **별무반**

(2) 모범 답안

고려는 여진의 강력한 기병 부대를 이기지 못하고 패했습니다. 그래서 **기병 중심인 여진을 이기려면 고려도 기병을 길러야 할** 필요가 있었기 때문입니다.

개념 정리

고려　　　① 문벌 ② 문신 ③ 이자겸 ④ 무신 정변 ⑤ 만적
거란과 고려　① 외교 담판 ② 귀주 대첩 ③ 천리장성
여진과 고려　① 여진 ② 동북 9성

탐구 독해

탐구 주제 1

1. ㉠ 묘청
㉡ 김부식
㉢ 서경
㉣ 정벌

2. 모범 답안
왕권을 강화하고 특정 문벌 세력이 권력을 휘두르지 않도록 하기 위해서입니다.

탐구 주제 2

1. ㉠ 무신
㉡ 무신 정변
㉢ 노비

2. 모범 답안
첫째, 무신 집권자들이 백성을 수탈하여 백성의 생활이 어려워졌기 때문입니다.
둘째, 무신 정권기에 하층민 출신의 최고 권력자가 나타나면서 신분제가 흔들렸기 때문입니다.

탐구 주제 3

1. ㉠ 여진
㉡ 강동 6주

2. 모범 답안
외교 담판으로 고려는 강동 6주를 확보해 압록강까지 영토를 넓히게 되었습니다.

탐구 주제 4

1. ㉠ 특산물
㉡ 형제

2. 모범 답안
(가) 윤관이 별무반을 이끌고 여진 정벌에 나서 여진을 물리쳤습니다.
(나) 이자겸 등이 금의 사대 요구를 받아들였습니다.

어휘

13세기에 막강한 힘을 키운 [몽][골]은 고려와 갈등을 빚었어요.

이러한 상황에서 고려에 왔던 [몽골][사][신]이 돌아가는 길에 죽임을 당했어요.

그러자 몽골은 이 사건을 구실로 [고려]를 **침입**했고, 결국 강화를 맺었어요.

이후 최씨 무신 정권은 몽골과의 싸움에 대비해 전쟁에 유리한 [강][화][도]로 도읍을 옮겼어요.

이후 계속된 몽골의 침입에 김윤후를 비롯해 고려군과 백성이 끈질기게 [항][쟁]했어요.

하지만 오랜 전쟁에 최씨 무신 정권까지 무너지며 고려는 몽골과 [강][화]를 맺었어요.

몽골과 강화를 맺은 고려 정부는 [개][경]으로 다시 돌아왔어요.

끝까지 싸우던 [삼][별][초]가 진압되면서 오랜 기간에 걸친 몽골과의 전쟁이 끝났어요.

독해

1. (1) ○ (2) ○ (3) ✕ (4) ✕

✕표 답 풀이

(3) 몽골이 침입했을 때 고려군과 백성은 힘껏 맞서 싸웠고, 처인성과 충주성에서 몽골군을 물리치기도 했다.

(4) 1259년 고려가 몽골과 강화를 맺었고, 삼별초는 끝까지 몽골군과 싸우다가 1273년 고려 정부와 몽골 연합군에게 진압됐다.

2. (4) → (2) → (3) → (1)

정답 풀이

(4) 몽골 사신이 죽임을 당하자 이를 구실로 몽골이 고려를 침입했다. → (2) 고려가 강화도로 도읍을 옮겼다. → (3) 최씨 무신 정권이 무너지고 몽골과 고려가 강화를 맺었다. → (1) 고려가 개경으로 다시 도읍을 옮겼다.

3. ⑤

오답 풀이

① 몽골은 고려에 여러 차례 침입했다.

② 충주성 전투에서 김윤후가 몽골군을 물리쳤다.

③ 몽골이 고려에 공물을 바치라고 요구했다.

④ 몽골은 13세기에 세력을 넓혀 대제국을 이루었고, 이 무렵 고려를 쳐들어왔다.

4. ①

정답 풀이

① 최씨 무신 정권은 사치를 일삼아 백성과 다른 지배층의 불만을 샀다.

5.

[몽][골]의 침입과 고려의 항쟁	대제국이 된 몽골이 고려에 공물을 요구함. ↓ 몽골 사신이 죽자 이를 구실로 몽골이 쳐들어옴(1231). ↓ 도읍을 개경에서 [강][화][도]로 옮김(1232). ↓ 고려군과 백성이 몽골군에 맞서 싸움. ↓ 몽골과 [강][화]를 맺음(1259). ↓ 도읍을 개경으로 다시 옮김(1270). ↓ 끝까지 싸우던 [삼][별][초]가 진압되고 전쟁이 끝남(1273).

6. (1)

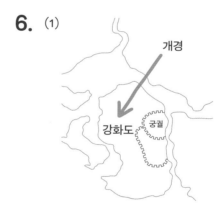

(2) **모범 답안**

강화도는 개경과 가까웠고, 주변 물살이 거세 몽골군이 쉽게 침입하기 어려운 곳이었기 때문입니다.

어휘

나라 이름을 원 으로 바꾼 몽골은 고려와 강화를 맺은 이후 고려에 간섭하기 시작했어요.

원은 고려를 내정 간섭 하면서 고려 영토의 일부를 직접 다스렸어요.

원은 고려에 정동행성 을 설치하고 내정 간섭을 하는 데 이용했어요.

고려 왕은 원 황실의 사위가 되어야 했고 고려는 원에 공물 을 바쳐야 했어요.

원의 간섭으로 왕권이 약해지고 권문세족 이 새로운 지배 세력으로 등장했어요.

권문세족은 원과 가까운 친원세력 으로, 원의 세력을 등에 업고 권력을 누렸어요.

권문세족은 남의 토지와 노비를 빼앗아 자기 농장 을 꾸리며 횡포를 부렸어요.

권문세족은 마음대로 높은 관직 을 차지하며 횡포를 부렸어요.

독해

1.
(1) ○   (2) ○   (3) ×   (4) ×

×표 답 풀이

(3) 권문세족은 원의 세력을 등에 업고 횡포를 부렸다. 이로 인해 백성의 삶도 나라 살림도 어려워졌다.

(4) 원(몽골)과의 전쟁 후 고려는 원에게 간섭을 받게 됐다.

2.
(1) - ⓒ   (2) - ⓐ   (3) - ⓔ   (4) - ⓑ

정답 풀이

(1) 공물은 고려의 특산물과 공녀를 바치게 하는 것이다(ⓒ).

(2) 혼인은 고려의 왕이 원 황실의 사위가 되는 것이다(ⓐ).

(3) 정동행성은 일본 정벌을 목적으로 설치한 것이었지만, 고려 정치 간섭에도 이용한 것이다(ⓔ).

(4) 원은 쌍성총관부를 설치하고, 고려의 영토 일부를 다스리는 데 이용했다(ⓑ).

3.
⑤

오답 풀이

① 탐라에 탐라총관부를 두었다.

② 원이 고려 영토의 일부를 직접 다스렸다.

③ 고려의 왕과 원의 공주를 혼인시켰다.

④ 정동행성을 그대로 두고 내정 간섭에 이용했다.

4.
②

정답 풀이

② 권문세족은 원의 세력을 등에 업고 높은 관직을 차지했다.

5.

원 간섭기의 고려	
원의 내정 간섭	권문세족 의 성장
- 원이 쌍성총관부 등을 두고 고려의 영토 일부를 직접 다스림. - 원이 정동행성 을 내정 간섭에 이용함. - 고려의 왕이 원의 공주와 혼인함. - 고려의 특산물과 젊은 여자 등을 원에게 공물 로 바침.	- 원과 가까운 친원 세력이 새로운 지배층으로 성장함. - 권문세족의 횡포 : 높은 벼슬자리를 독차지하고 권력을 누림. : 다른 사람의 토지와 노비를 함부로 빼앗아 농장 을 운영함.

6.
(1)

(2) **모범 답안**

원은 화주에 쌍성총관부, 서경에 동녕부, 탐라에 탐라총관부를 두었습니다. 그 까닭은 **원이 고려의 영토 일부를 직접 다스리기 위해서였습니다.**

어휘

공 민 왕 은 원의 간섭에서 벗어나 고려의 자주성을 되찾기 위해 반원 정책을 폈어요.

공민왕은 먼저 친원 세력을 없애고 정 동 행 성 을 축소했어요.

그리고 쌍 성 총 관 부 를 공격해 원에 빼앗겼던 땅을 되찾았어요.

또한 몽 골 풍 을 금지하고 고려의 풍습을 되살리려 했어요.

공민왕은 원의 간섭을 물리치면서 동시에 내 정 개 혁 을 이루고자 했어요.

공민왕은 신돈을 등용하여 전 민 변 정 도 감 을 설치하고 개혁을 시행했어요.

또, 개혁을 뒷받침할 새 정치 세력을 키우기 위해 성 균 관 을 정비했어요.

하지만 권 문 세 족 의 반발에 부딪혔고 공민왕이 죽으면서 개혁은 중단됐어요.

독해

1. (1) ✕ (2) ○ (3) ○ (4) ✕

✕표 답 풀이

(1) 14세기 중반에 원의 세력이 약해지기 시작했다.

(4) 공민왕의 개혁은 백성에게 환영받았으나, 권문세족의 반발을 샀다.

2. (1) - ㉢ (2) - ㉠ (3) - ㉡ (4) - ㉣

정답 풀이

(1) 공민왕은 성균관을 정비해 개혁을 뒷받침할 세력을 키우고자 했다(㉢).

(2) 공민왕은 원의 풍습을 금지해 고려 풍습을 되살리려 했다(㉠).

(3) 공민왕은 쌍성총관부를 공격해 원에 빼앗겼던 땅을 되찾았다(㉡).

(4) 공민왕은 전민변정도감을 설치해 땅과 백성의 소속을 바로잡았다(㉣).

3. ①

정답 풀이

① 공민왕은 원 간섭기 때 격이 낮아졌던 왕실과 관직의 이름을 원래대로 되돌렸다.

4. ④

정답 풀이

④ (가)에서 공민왕이 개혁을 맡길 인물을 이야기하고 있으므로 ㉠에 알맞은 인물은 '신돈'이다. (나)에서 ㉡은 백성의 땅을 빼앗은 무리를 가리키므로 '권문세족'을 말한다. ㉢은 빼앗긴 백성의 땅을 돌려주고 강제로 노비가 된 사람들을 풀어 주는 기관을 가리키므로 '전민변정도감'이다.

5.

공민왕의 개혁 정치	
공 민 왕 의 반원 개혁	공민왕의 내정 개혁
- 원의 세력이 약해지는 틈을 타 원의 간섭에서 벗어나고자 함. : 친 원 세력 제거 : 정동행성 축소 : 쌍성총관부 공격 : 왕실과 관직의 이름 회복 : 몽골풍 금지	- 원 간섭기에 권력을 누리던 권 문 세 족 의 세력을 약화하려 함. : 신돈 등용 : 전 민 변 정 도 감 설치 : 성균관 정비

6. (1)

(2) 모범 답안

공민왕이 쌍성총관부를 공격하여 **원에 빼앗겼던 땅을 되찾았습니다.**

어휘

고려 말에 신 진 사 대 부 가 새로운 정치 세력으로 성장했어요.

신진 사대부는 성 리 학 을 바탕으로 고려를 개혁하고자 했어요.

한편 14세기 말 고려는 홍 건 적 과 왜 구 의 침입에 시달렸어요.

신 흥 무 인 세 력 이 이들을 물리치며 새로운 정치 세력으로 성장했어요.

고려 말, 명나라가 요동 지방을 점령하자 고려는 요 동 정 벌 을 추진했어요.

요동 정벌에 반대하던 이성계가 위 화 도 에서 회 군 하여 개경으로 돌아왔어요.

이성계는 뜻을 함께하는 신 진 사 대 부 와 힘을 합쳐 새 나라를 세우려고 했어요.

결국 공양왕이 이 성 계 에게 왕위를 내어 주며 고려 왕조는 무너졌어요.

독해

1. (1) ✕ (2) ✕ (3) ✕ (4) ○

✕표 답 풀이

(1) 우왕과 최영은 요동 정벌에 나서겠다고 했다.

(2) 신진 사대부는 대부분 지방 향리 출신이었다.

(3) 이성계는 새 왕조를 세우려는 세력과 손을 잡았다.

2. (4) → (3) → (2) → (1)

정답 풀이

(4) 최영, 이성계 등이 홍건적과 왜구를 물리치는 데 공을 세웠다. → (3) 요동 정벌에 반대하며 이성계가 위화도에서 회군했다. → (2) 이성계가 우왕과 최영을 몰아내고 권력을 잡았다. → (1) 공양왕이 이성계에게 왕의 자리를 내주었다.

3. ③

정답 풀이

③ 신진 사대부는 과거에 합격에서 관직에 오르기는 했으나, 관직을 독차지하고 있는 권문세족 때문에 높은 관직에 오르는 것이 어려웠다.

4. ⑤

오답 풀이

① 최영과 이성계는 신흥 무인 세력이다.

② 정도전과 정몽주는 신진 사대부이다.

③ 홍건적과 왜구를 몰아내는 데 공을 세운 이들은 최영과 이성계이다.

④ 최영과 이성계는 신흥 무인 세력으로, 성리학을 바탕으로 고려를 개혁하려 한 정치 세력은 신진 사대부이다.

5.

새로운 정치 세력의 성장	고려의 멸망
신진 사대부	우왕과 최영이 요동 정벌에 나서려 함.
- 성 리 학 을 바탕으로 고려를 개혁하려 함. - 권문세족의 횡포를 비판함.	↓ 이성계가 위 화 도 에서 회 군 함(1388).
신흥 무 인 세력	↓ 이 성 계 가 권력을 잡고
- 고려 말 홍건적과 왜구를 물리치는 데 공을 세움. - 백성의 믿음을 얻음.	새 왕조를 세우려는 신진 사대부와 손잡음. ↓ 고려 왕조가 무너짐(1392).

6. (1)

(2) 모범 답안

요동 정벌에 반대하던 이성계가 **위화도에서 군대를 돌려 다시 개경으로 돌아온 것**을 말합니다.

개념 정리

고려	① 몽골 ② 삼별초 ③ 요동 ④ 위화도 회군		
원의 간섭	① 원 ② 공물	공민왕의 개혁	① 전민변정도감
권문세족의 성장	① 권문세족	새로운 정치 세력의 성장	① 신진 사대부 ② 신흥 무인 세력

탐구 독해

탐구 주제 1

1. ㉠ 강화도
㉡ 김윤후
㉢ 삼별초

2. 모범 답안

최씨 정권은 **몽골군의 침입을 방어하기 위해 강화도로 수도를 옮겼습니다.**

고려군과 백성은 **처인성 전투, 충주성 전투를 펼**치며 있는 힘을 다해 몽골의 침입에 맞서 싸웠습니다.

탐구 주제 2

1. 권문세족

2. ㉠ 토지
㉡ 관직

3. 모범 답안

원 간섭기에 친원 세력이 원을 등에 업고 권력을 누렸기 때문입니다.

탐구 주제 3

1. ㉠ 원
㉡ 권문세족
㉢ 전민변정도감

2. 모범 답안

공민왕은 밖으로는 **원의 간섭에서 벗어나려고 개**혁 정책을 추진했습니다.

공민왕은 안으로는 **권문세족의 세력을 약화하기** 위해 개혁 정책을 추진했습니다.

탐구 주제 4

1. ㉠ 정몽주, 정도전
㉡ 최영, 이성계

2. 모범 답안

위화도 회군으로 권력을 잡은 이성계는 **새 왕조를 세워 개혁하려는 신진 사대부 세력과 손잡았**습니다.

어휘

고려 시대에는 태어날 때부터 정해진 ｜신｜분｜ 에 따른 삶을 살았어요.

고려 사람의 신분은 크게 **양인**과 **천인**으로 나누어졌어요.

양인은 다시 ｜귀｜족｜, ｜중｜류｜층｜, **양민**으로 나누어졌어요.

천인은 ｜천｜민｜ 이라고도 했으며, 대부분이 노비였어요.

고려 시대의 혼인 형태는 ｜일｜부｜일｜처｜제｜ 가 일반적이었어요.

남녀가 혼인한 뒤에는 대체로 신랑이 신부 집에서 ｜처｜가｜살｜이｜ 를 하며 살았어요.

가족 안에서 남편과 부인, 아들과 딸이 ｜평｜등｜ 한 관계를 유지했어요.

부부가 각자의 재산을 갖고, 아들과 딸에게 똑같이 ｜상｜속｜ 했어요.

독해

1. (1) × (2) ○ (3) × (4) ○

×표 답 풀이

(1) 고려 사람의 신분은 크게 양인과 천인으로 나누었다.

(3) 고려 시대에는 한 남편과 한 아내가 부부를 이루는 일부일처제가 일반적이었다.

2. (1) - ㉣　(2) - ㉢　(3) - ㉡　(4) - ㉠

정답 풀이

(1) 귀족은 왕족, 문신과 무신 출신의 관리들이었다(㉣).

(2) 중류층은 낮은 관직을 맡고 있던 관리들이었다(㉢).

(3) 양민은 농사를 짓거나 물건을 만들며 생활했다. 양민 중에서 농사를 짓는 농민이 가장 많았다(㉡).

(4) 천민은 대부분 노비였다(㉠).

3. ④

오답 풀이

① 양인의 대다수는 일반 양민이었다.

② 궁궐의 실무를 담당하는 관리는 중류층이었다.

③ 나라에 세금을 내고 군대에 갈 의무가 있는 신분은 양민이었다.

⑤ 양민 중에서 농사를 짓는 농민을 백정이라고 불렀다. 국가와 귀족의 재산으로 여겨져 자식한테 물려줄 수 있었던 것은 백정이 아니라 천민이다.

4. ④

정답 풀이

④ <보기>를 통해 고려 시대 사람들은 친가와 외가 사람들을 부를 때 구분하여 부르지 않았다는 것을 알 수 있다.

5.

고려 사람들의 생활 모습	
고려인의 신분과 생활	고려인의 가족 생활

	고려인의 신분과 생활	고려인의 가족 생활
양인	- 귀족: 왕족과 문신, 무신 출신 관리 - ｜중｜류｜층｜ : 낮은 관직의 관리 - 양민: 농사를 짓는 농민 등	- 혼인 형태는 ｜일｜부｜일｜처｜제｜ 가 일반적임. - 혼인한 뒤에는 ｜처｜가｜살｜이｜ 를 하는 경우가 많음. - 남편과 부인, 아들과 딸의 권리와 의무가 평등함.
천인	- 천민: 대부분 ｜노｜비｜	

6. (1) 귀족

(2) 모범 답안

고려 사람의 신분은 크게 양인과 천인으로 나뉘었습니다. 양인은 다시 **귀족, 중류층, 양민으로 나뉘었습니다.**

어휘

고려 시대에는 건국 초부터 나라의 지원을 받아 불교 가 크게 발달했어요.

연 등 회 , 팔관회와 같은 불교 행사도 크게 열렸어요.

의 천 은 불교 경전을 중시하며 고려 불교의 갈래를 통합하려 했어요.

지 눌 은 깨달음을 강조하며 고려 불교를 개혁하려 했어요.

고려는 유 학 을 정치와 교육의 근본으로 삼았어요.

고려 말에는 성 리 학 을 받아들여 이를 바탕으로 고려를 개혁하려 했어요.

유학의 발달은 역사서의 편찬에도 영향을 끼쳐 김부식은 『 삼 국 사 기 』를 펴냈어요.

일연은 단군 신화를 담은 역사책 『 삼 국 유 사 』를 펴냈어요.

독해

1. (1) ◯ (2) ✕ (3) ✕ (4) ◯

✕표 답 풀이

(2) 고려는 최승로의 건의를 받아들여 유교를 통치 이념으로 삼았다.

(3) 김부식이 유교적 입장을 바탕으로 쓴 역사서 『삼 국사기』를 펴냈다.

2. (1) - ㉢   (2) - ㉠   (3) - ㉣   (4) - ㉡

정답 풀이

(1) 일연은 『삼국유사』를 펴냈다(㉢).

(2) 의천은 천태종이라는 불교 갈래를 만들었다(㉠).

(3) 지눌은 불교가 수행 중심의 본래 모습으로 돌아 가야 한다며 불교 개혁 운동을 펼쳤다(㉣).

(4) 김부식은 『삼국사기』를 펴냈다(㉡).

3. ⑤

정답 풀이

⑤ 신진 사대부는 새로운 유학인 성리학을 바탕으로 고려를 개혁하려 했다.

4. ④

정답 풀이

④ 고려 건국 초에 선종이 유행하다가 점차 교종이 힘을 얻었다.

5.

고려의 불 교	고려의 유학
〈불교의 발달〉 - 나라의 지원을 받으며 발전함. - 연등회·팔관회와 같은 불교 행사를 열고, 과거제에 승과를 따로 둠. 〈불교 사상〉 - 의천: 교종을 중심으로 선종을 통합하려 함. - 지 눌 : 수행 중심의 불교를 강조하며 불교 개혁 운동을 펼침.	〈유학의 발달〉 - 정치와 교육에서 근본으로 삼음. - 성리학이 고려 말 신진 사대부의 사상적 기반이 됨. 〈 역 사 서 의 편찬〉 - 김부식: 유교적 입장을 바탕으로 『삼국사기』를 펴냄. - 일연: 단군과 고조선 이야기를 담은 『삼국유사』를 펴냄.

6. (1) ㉠ 연등회 ㉡ 팔관회

(2) 모범 답안

왕실의 위엄을 높이고 백성의 마음을 하나 로 모으기 위해 고려는 건국 초부터 나라 에서 불교를 널리 믿게 했습니다.

어휘

고려 시대에 불교가 발달하면서 **불교 예술**도 꽃을 피웠어요.

고려 시대에 지방에서 돌로 만든 대형 **불 상**이 많이 만들어졌어요.

고려 **사 찰**은 고려 불교 건축의 우수성을 보여 줘요.

고려 후기에는 원의 영향을 받은 **불 탑**이 만들어지기도 했어요.

고려 시대에는 불교 예술과 함께 **공 예**도 발달했어요.

상 감 기법으로 만든 **청 자**인 **고려청자**는 고려를 대표하는 공예품이에요.

고려 시대에는 **목 판 인 쇄 술**이 크게 발달했고, 팔만대장경판을 만들었어요.

목판 인쇄술의 발전은 **금 속 활 자**의 발명으로 이어져 『직지심체요절』을 펴냈어요.

독해

1. (1) ○ (2) ○ (3) ✕ (4) ○

✕표 답 풀이

(3) 『직지심체요절』은 지금까지 남아 있는 책 중 세계에서 가장 오래된 금속 활자 인쇄본이다.

2. (1) - ㉣　(2) - ㉢　(3) - ㉡　(4) - ㉠

정답 풀이

(1) 「수월관음도」는 지배층의 평안을 기원하는 불화이다(㉣).

(2) 영주 부석사 무량수전은 배흘림기둥으로 된 사찰 건축물이다(㉢).

(3) 개성 경천사지 십층 석탑은 원의 영향을 받은 불탑이다(㉡).

(4) 논산 관촉사 석조 미륵보살 입상은 돌로 만든 대형 불상이다(㉠).

3. ④

정답 풀이

④ 통일 신라의 양식을 잇는 불상도 만들어졌고, 통일 신라의 양식을 따른 3층 석탑도 유행했다.

4. ③

오답 풀이

① 나전 칠기는 목공예품이다.

② 은입사 기법은 금속 공예 기술이다.

④ 상감 청자는 주전자나 베개 등 다양한 생활용품으로 만들어졌다.

⑤ 고려는 11세기까지는 주로 무늬가 없는 순청자를 만들다가, 12세기 이후에 상감 청자를 만들었다.

5.

고려의 문화와 예술		
고려의 불교 예술	고려의 공예	고려의 인쇄술
- 불상: 논산 관촉사 석조 미륵보살 입상 등 - **사 찰**: 영주 부석사 무량수전 등 - **불 탑**: 개성 경천사지 십층 석탑 등 - 불화: 「수월관음도」 등	- 고려청자: 12세기 이후부터 **상 감** 기법의 청자를 만듦. - 금속 공예: 은입사 기법이 발달함. - 목공예: 나전 칠기가 발달함.	- **목 판** 인쇄술: 초조대장경과 팔만대장경을 만듦. - 금속 활자: 세계 최초로 금속 활자를 발명했으며, 『직지심체요절』은 세계에서 가장 오래된 금속 활자 인쇄본임.

6. (1) ㉠ 목판　㉡ 금속 활자

(2) **모범 답안**

거란과 몽골이 고려를 침입했을 때 부처의 힘으로 외적을 물리치려고 불교 경전을 정리하여 초조대장경과 팔만대장경을 만들었습니다.

고려는 건국 초부터 주변 나라와 활발하게 **대외 교류**를 했어요.

특히 송 과 활발하게 교류하며 송의 문물을 적극적으로 받아들였어요.

거란, 여진, 일본, 아라비아 상인과도 교류했어요.

벽 란 도 는 여러 나라의 상인이 드나들면서 국제 무 역 항 으로 널리 알려졌어요.

고려는 후기에 **몽골(원)**의 간섭을 받았어요.

원 간섭기에 고려와 **원**은 활발하게 교류했어요.

고려에서는 몽골에서 전해진 변발, 설렁탕과 같은 몽 골 풍 이 유행했어요.

또한 몽골에서는 고려에서 전해진 고려 옷, 상추쌈과 같은 고 려 양 이 유행했어요.

1. (1) ○ (2) × (3) ○ (4) ×

×표 답 풀이

(2) 고려는 거란, 여진 등의 북방 민족과도 교류했다.

(4) 원과의 교류로 고려에서는 몽골풍이, 원에서는 고려양이 유행했다.

2. (1) - ㉣ (2) - ㉢ (3) - ㉠ (4) - ㉡

정답 풀이

(1) 고려는 송에 사신 등을 보내 문물을 받아들였으며, 청자 제작 기술과 궁중 음악 등이 송의 영향을 받아 발달했다(㉣).

(2) 고려는 원에서 목화와 화약 기술을 받아들였다(㉢).

(3) 고려는 여진에서 말과 모피를 수입했다(㉠).

(4) 아라비아 상인들은 고려에 수은과 향료를 팔았다(㉡).

3. ②

오답 풀이

① 원으로부터 성리학을 받아들인 것은 고려 말이다.

③ 문익점은 원에서 목화를 가져와 재배하는 것에 성공했다.

④ 고려는 몽골과의 전쟁 이후 정치적으로 원의 간섭을 받았으며 오랫동안 원과의 관계가 이어졌다.

⑤ 설렁탕과 만두, 소주 등 원의 음식이 고려에서 유행했다.

4. ①

정답 풀이

① 벽란도에는 송의 사신과 상인뿐 아니라 여진, 일본, 아라비아 상인들까지 드나들었다.

5.

고려 전기의 대외 교류	고려 후기, 원과의 교류
〈송과 여러 나라〉 - 송 : 가장 활발하게 교류했으며 청자 제작 기술 등을 받아들임. - 거란: 대장경을 들여옴. - 여진: 식량, 농기구 등을 수출함. 〈벽란도〉 - 개경과 가까운 예 성 강 하구에 위치함. - 송, 여진, 일본 및 아라비아 상인까지 드나들며 국제 무역항이 됨.	- 고려에서 몽 골 풍 이, 원에서 고려양이 유행함. - 문익점이 원에서 목화를 가져와 재배에 성공함. - 최무선이 원의 화 약 기술을 익힘. - 고려 말에 성리학을 받아들임.

6. (1) ㉠ 몽골풍 ㉡ 고려양

(2) 모범 답안

많은 사람이 고려와 원을 오가면서 **고려에서는 몽골식 풍습인 몽골풍**이, 원에서는 **고려의 풍습인 고려양이 유행했습니다.**

개념 정리

고려 사람들의 생활 모습	① 중류층 ② 천민 ③ 처가살이
고려의 종교와 사상	① 불교 ② 유학

고려의 예술과 기술	① 고려청자 ② 금속 활자
고려의 대외 교류	① 벽란도 ② 몽골풍 ③ 고려양

탐구 독해

탐구 주제 1

1. ㉠ 일부일처제
   ㉡ 균등하게

2. 모범 답안
   고려 여성은 가족 안에서 남성과 평등한 위치에 있었습니다.

탐구 주제 2

1. ㉠ 일연
   ㉡ 유교
   ㉢ 불교

2. 모범 답안
   『삼국사기』와 『삼국유사』에 모두 삼국의 시조 이야기가 적혀 있습니다. 그런데 『삼국사기』에서는 너무 이상해서 믿을 수 없다고 했고, 『삼국유사』에서는 이상하지 않다고 했습니다.

탐구 주제 3

1. ㉠ 불교
   ㉡ 목판
   ㉢ 금속 활자

2. 모범 답안
   금속 활자는 단단하고 변형이 적어 여러 번 사용할 수 있고, 여러 글자를 조합하여 다양한 인쇄물을 만들 수 있어서 좋습니다.

탐구 주제 4

1. 여진, 거란, 송 (순서 관계 없음)

2. ㉠ 예성강
   ㉡ 개경

3. 모범 답안
   벽란도는 도읍지인 개경과 가까이 있었고, 물이 깊어 큰 배가 드나들 수 있었기 때문입니다.